ダイエット事典

Diet Dictionary

運動指導者
森 拓郎

飛鳥新社

JN130386

はじめに

私は２０１２年から今までに、約30冊の「ボディメイク」にまつわる本を世に送り出してきました。そのタイトルを改めて見返すと、「ヤセ」「ダイエット」と銘打たれたものが多数あり、「ヤセること」が世の多くの人の関心事であることを痛感させられます。

もちろん、そのお気持ちはよくわかります。けれども「とにかくヤセればいい」という極端なヤセ至上主義には、危機感を抱かずにはおれません。

「ヤセた」という〝結果〟は、食べ方、生き方のごく一部の話にすぎないからです。

このような「ヤセること」に対する問題意識は、私が最初の本を出してから、大きくなる一方でした。

またツイッターなどのＳＮＳを通して、読者の皆さんと双方向のコミュニケーションを重ねる過程でも、同じような思いを強くしていました。

中でも気になるのは「とりあえずいったんヤセたら世界が変わるはず」と思い込んでいる人の多いことです。

「ヤセること」を過大に美化しすぎるがゆえに、極端で誤ったダイエット法を実践して挫折したり、「プチ成功とリバウンドを繰り返す」という不毛なダイエットの「ドロ沼」にハマってしまったり、時間とお金を浪費した挙句に、体調を崩したり……。

「さまよえるダイエット迷子が多すぎる！」


そんな思いに駆られ、体のこと、栄養のこと、そして食事のことについて、「基本的だけど、本当に必要な情報」を厳選してお伝えし、「皆さんがダイエットを卒業するための手助けをしたい」とペンをとったのが、本書というわけです。

「ダイエットや栄養について知りたいけど、何から読めばいいのかわからない」

そんな方に「最初に、まず手にとってみてください」とおすすめしたい1冊です。

もちろん、今までの私の著作を追ってきてくださった方にも、さらにお役立ていただけるよう、最新の知見やデータ、実用的な情報も多く盛り込みました。かわいらしいイラストや図版などのビジュアル要素も多くちりばめた結果、専門性の高さはキープしつつも、親しんでいただける本になったと自負しています。

ページ順に〝お勉強〟していく必要なんて、まったくありません。ランダムにページを繰りながら気になった内容だけ拾い読みするなど、心のおもむくままに読み進めていただければ幸いです。

文字を追うことに疲れたら。イラストのキャラクターたちの姿を追うだけでも、正しいダイエット知識の骨子が、頭にインプットされるような構造になっています。リラックスした姿勢で、どうぞお楽しみください。

最後に私からのお願いです。

本書を読んだら、実践できるところから一つひとつ習慣化していってください。「やったつもり」では、あなたの未来に大きな変化は起こりません。

リアルに行動に移して習慣化に成功した〝知識〟は、決して裏切りません。あなたを一生輝かせてくれるはずです。あなたの人生の一時期に、本書がよきパートナーとして伴走させてもらえることを、心より願っています。

２０１９年３月

森　拓郎

ダイエット事典

目次

Ⅲ ヤセる体をつくる

Ⅲ 気をつけたい食品

第3章 何を食べるか、どう食べるか ―― 177

Ⅱ 外食・コンビニ利用のコツ

プロローグ
prologue

1 何のためのダイエット？

#POINT

「ラクしてヤセる方法」を
追い回すのは、もう卒業。
体づくりを楽しむ、
一生ものの「正しい食べ方」を
早く身につけてしまいましょう。

「ダイエット」という〝流行病〟

ダイエットの世界では、昔から同じことが繰り返されています。

「ラクしてヤセられる方法」や「新事実として目新しい方法」が毎年のように登場しては、少し時間が経つとブームが去る。

そんなサイクルが何度となくリピートされています。


でも本当は、ダイエット方法なんて、いつの時代も変わらないはずです。

なぜなら、**ダイエットの本質は健康的な体をつくるための食事のしかた**にほかならないからです。人間の体にとってよいことが、流行によってそうそう変わるはずがありません。

にもかかわらず、メディアがこぞって「新発見！　〇〇だけでヤセる方法」などと取り上げるから、そのたびに世の多くの人たちがその情報に飛びつき、踊らされてしまうのです。

ちょっと厳しい言い方になってしまいますが、「ダイエットに憧れる〝同じ人たち〟が、常に新しい方法を追いかけ、失敗をし続けているだけ」と言えます。

たとえば、近年大流行した「糖質制限」という言葉にしてもしかりです。

「消化」「吸収」「代謝」といった体のしくみや、栄養素についての基礎的な知識もないまま「糖質制限」というキーワードを「手軽なダイエット法」として認知しているだけという人がなんと多いことか。

ですから、とても残念なことなのですが「糖質を摂ったら太ってしまうらしいから、制限すればいいいんだ」というように短絡的に考えてしまうのです。

中には糖質制限の理論を大幅に曲解し、自分に都合のよいようにアレンジしてしまう人――たとえば低糖質食品を食べることが糖質制限だと勘違いし、低糖質と書かれた食品を大量に食べてしまう人や、糖質の総量を減らすために、主食のご飯は食べないかわりに、お菓子だけはしっかり食べる人など、ダイエットの本質とはかけ離れたことをしてしまう人さえいます。

このように、**流行のダイエット情報を一面的に解釈したり、自分流に解釈をして実践したりしても、成功するはずがありません。**メディアで発信されている断片的なダイエット情報を追いかけるのではなく、より広い視点で、体と栄養について総合的に学ぶことが重要なのです。

また、自分の理想体重や肥満度などを確認せず、闇雲《やみくも》に「ヤセたい」という人も後を絶ちません。

世界基準で見ると、日本人は完全な「ヤセ民族」です。なかには「ヤセすぎ」のレベルにまで達している方も大勢います。健康上の観点からは、「もう少し太る必要がある人」も珍しくありません。

それでも、「ヤセたい!」とダイエット情報を追いかけるのは、「ヤセる＝キレイ(カッコいい)」という思い込みが強いからでしょう。

しかし体の土台ができていないまま、体重を単純に減らしても、キレイになれるわけではありません。

ヤセたいなら、「食べない」ではなく、「正しく食べる」

仮にあなたが、２kgや３kg程度、体重を落とそうとしたとしましょう。それなら、**食べるのを我慢したり運動をしたりする前に、まずは栄養を過不足なく摂り、筋肉を増やし、姿勢を正しくすることのほうが、はるかに大事**です。なぜなら、栄養がきちんと摂れていない、基礎的な土台ができていない体のままでただ減量をしても、生気がなく、やつれた印象にしかならないからです。

これは見た目の問題だけではありません。むくみや冷え性、肌荒れ、ひいては生理不順や心の病気などまで招きかねません。

多くの人が、食べ物を禁欲的に絶つことこそ、ダイエットだととらえていますが、そうではありません。

「自分は、食に対してどのような考え方をしているのか」

「自分にはどのような食べ方の癖があるのか」

さらに言うと、「太るようなものを必要以上に欲さなくなるために、どのようなものを普段食べればよいのか」

これらを体で理解していくことが、真の意味でのダイエットなのです。

「ダイエット」は、一般的に体重を減らす「減量」という意味で使われていますが、**本来は健康を維持する「食べ方」を身につけること**を指します。語源は「生活様式」「生き方」を意味する「Ｄｉａｉｔａ」というギリシア語にまでさかのぼります。「健康的な体になるための食事療法、または食事そのもの」という意味に理解するのが正しいのです。

つまり、**ヤセすぎの人が食べる量を増やして適正体重にまで体重を増やすことも「ダイエット」**と言ってよいのです。本書でこれからお伝えしていくことはすべて、本来の意味でのダイエットについてです。

ただし、どんなダイエット方法にせよ、そこには必ず「食べることを我慢すること」によるストレスが付きまといます。

✔体の土台ができていないまま体重を単純に減らしても、キレイにならない。

✔ダイエットとは、体重を闇雲に減らすことではなく、健康的な食べ方を身につけること。

✔「今日はどんなおいしいものを食べようか」と、楽しく考えられれば理想的。

ですから、ここであらかじめ申し上げておきたいことは、「食べものを減らすことがストレスになる」というのであれば、**「減らさなければいい」**ということです。

食べる「量」を減らさないで、食べるものの「種類」を変えればいいのです。

ジャンクフードやスナック菓子などでお腹を満たしていたなら、それらの代わりに「より質のよいもの」を食べるようにしてみてください。あるいは「好きなものを食べるのは月に△回まで」と決めて食べるようにしてもいいでしょう。

「我慢」ありきのダイエットなど、今日限りで終わりにしてください。

本書でお伝えするのは、「次の食事では何を食べようか」「今日はどんなおいしいものを食べようか」と考えながら、きちんと結果を出す方法です。それが、あなたが本来の意味で「ダイエットに成功する」ということになるのです。

2

なぜ食べるのか。なぜ運動が必要なのか。

#POINT

「食べること」とは、エネルギーを
食物から摂り込むこと。
「運動」とは、摂り入れたエネルギーを
消費すること……。
そんなふうに〈+〉と〈−〉の関係を
過大視してはいませんか?

人はなぜ、食べるのか

「人」を「良くする」と書いて「食」と読みます。

「食べる」という営みには、どのような意味があるのか考えてみましょう。


そもそも私たちはなぜ、毎日お腹が空いて、食物を食べたくなるのでしょうか？

「人間は、食べものを食べないと死んでしまうからでしょう」

そんな声が聞こえてきそうです。

たしかに人は、何も食べないでいると、どんなに健康な人でも命を落としてしまいます。

また、たとえ「何か」を食べても、それが体によくないものばかりなら、体調が崩れたり、病気になったりします。

「私たちの健康や生命は、〝食べもの〟や〝食べ方〟に大きく左右される」

そう言っても過言ではありません。


では、私たちが食べたものは、体内でいったいどうなるのでしょう？

まず、私たちが食べたものは、体内で「消化」され、肉眼では見分けがつかないレベルにまで小さくされます。そこには栄養素が含まれています。

栄養素を体内に摂り込むことを「吸収」、栄養素を体内で活用することを「代謝」といいます。

代謝のなかでも大事なのは「エネルギーを生み出す」という働きです。なぜなら、体内で営まれている無数の仕事のすべてに、エネルギーは欠かせないからです。

「食べる」という営みの本来の目的には、「人生の楽しみ」という側面もありますが、主に「エネルギーを生み出すため」と言えます。

人にはなぜ、運動が必要なのか

では、「食べること」とセットで考えられることの多い「運動」についても考えてみましょう。

「運動」とは「体を動かすこと」。

日常の生活活動から、スポーツなどでの身体活動まで、体を動かすことは、すべて「運動」です。

「運動」が、「食べること」と対で語られることが多いのは、いずれも生きるために欠かせないことだからでしょう。

詳しく言うと「食べること」の目的が「エネルギーを生み出すため」だとしたら、**「運動」の主な目的は「体の機能や、筋力を維持、向上させるため」**と言えます。

まず、体の機能を維持することについて考えてみましょう。

人は持っている機能を使わなくなると、気づかないうちにみるみる機能が低下していきます。たとえば体調を崩して1週間ほど寝込んだときなどは、どんなに若い人でも、復帰した直後は、「普段のように体を動かせない」「思うように歩けない」「つまずきやすくなった」などと感じるはずです。

つまり、**最低限の健やかさを保つには、体を動かすことが欠かせない**のです。

次に、筋肉についても考えてみましょう。

人は加齢にともない、筋肉が少しずつ失われていきます。「筋肉量は成長期にぐんと増え、その後減少していく」ようにできているからです。ただし、トレーニング次第で維持したり増やしたりすることができます。

「筋肉を増やす」というと、それだけで拒否反応を示す方もいます。「筋肉」という言葉から、どうやらボディビルダーのようなムキムキの肉体を連想するようなのです。

ここでいう「筋肉」とは、そのような極端なものではありません。体脂肪率が測れる体重計（体組成計）をお持ちの方は一度ご自分の体脂肪率を測っていただきたいのですが、**体重に対して体脂肪率が高い人は、筋肉の割合が少ない**ということです。最近では、体重は標準以下なのに体脂肪率が高い、いわゆる「隠れ肥満」という状態の人が非常に増えています。

ボディメイクだけでなく、このような「隠れ肥満」を改善するためには、定期的に運動をして筋力アップを目指すことがとても大切になってきます。健やかな体づくりには筋肉量の「多い、少ない」が深く関係しているからです。

筋肉量がもともと少ない人が食事だけでダイエットを続けたとしても、体のエネルギーを生み出そうとする働きである「代謝」は上がりません。そうなるとダイエットの結果は出にくくなります。

❶ 正しく確実なダイエットのためには、代謝を上げる

←

❷ 代謝を上げるためには、筋肉量を上げる

←

❸ 筋肉量を上げるためには、運動をする

このような流れを正しく理解しておいてください。

繰り返しますが、運動の主な目的は「体の機能や、筋力を維持すること」です。

ただ、私が心配しているのは、次のような考えが世の中に広まっていることです。

「運動の目的は、エネルギーを消費することで、食べ物から摂り込んだエネルギーを帳消し（＝食べなかったこと）にする」

たしかに、摂取したエネルギーに対して消費するエネルギーが上回れば、体脂肪が使われていくのは間違いありませんし、このカロリー収支こそが減量の基本です。

けれども、「体重を減らすため」「ダイエットのため」に**運動量だけでカロリー収支の帳尻を合わせるのは、非効率すぎてナンセンス**です。

たとえば体重50kgの人が、時速８kmの30分ランニングで消費できるエネルギー量は、わずか２００kcal（ピザ１切れ分）でしかありません。

もちろん、運動が体にとってよいことであるのは間違いありません。

運動をして「気持ちいい！」と感じたとき、リフレッシュ効果が期待できます。

✔「食べること」の目的は「エネルギーを生み出すこと」。

✔「運動」の目的は「体の機能や、筋力を維持すること」。

✔「運動」が、悪い生活習慣の悪影響を〝帳消し〟にしてくれるわけではない。

また、体を動かすことで脳の神経伝達物質の働きがよくなるので、脳を活性化させることもできますし、運動は糖尿病や高血圧、脂質異常症、動脈硬化などの「生活習慣病」を遠ざけてもくれます。

けれども、多くの人は運動に「大きな夢」を託しすぎています。

運動さえすれば体が劇的に変わると過信している人が非常に多いと感じます。

しかし、残念ながら運動は食べすぎの免罪符にはなりません。

「運動をしたら、暴飲暴食をしてもよい」あるいは「食べすぎたら運動すればよい」という考えは、今すぐ捨ててください。

食べることの意味、そして運動することの意味を正しく理解しておきましょう。

3

栄養知識なくしてダイエットの成功なし！

#POINT

代表的な栄養素については、
それぞれの特徴や役割を
把握しておきましょう、
カロリー計算よりも、大切なことです。

栄養素は、それぞれ重要な役割を担う

私たちの体は、食べものから摂り込んだ栄養素を「消化」「吸収」「代謝」しています。「代謝」とは吸収した栄養素を体の中でさまざまなことに活用することです。

代謝の目的は、主に3つあります。

❶エネルギーを生み出す
❷筋肉や細胞をつくり出す
❸エネルギーを生み出したり、筋肉や細胞をつくりだしたりするときの反応を円滑にする

どの目的も大事で、どれかひとつが欠けても私たちは生きていけなくなります。またこれらの目的を果たすために、さまざまな栄養素が役割を分担して体内で働いてくれています。

■代謝の目的

❶エネルギーを生み出す
❷筋肉や細胞をつくる
❸①や②を円滑にする

三大栄養素とは何か？

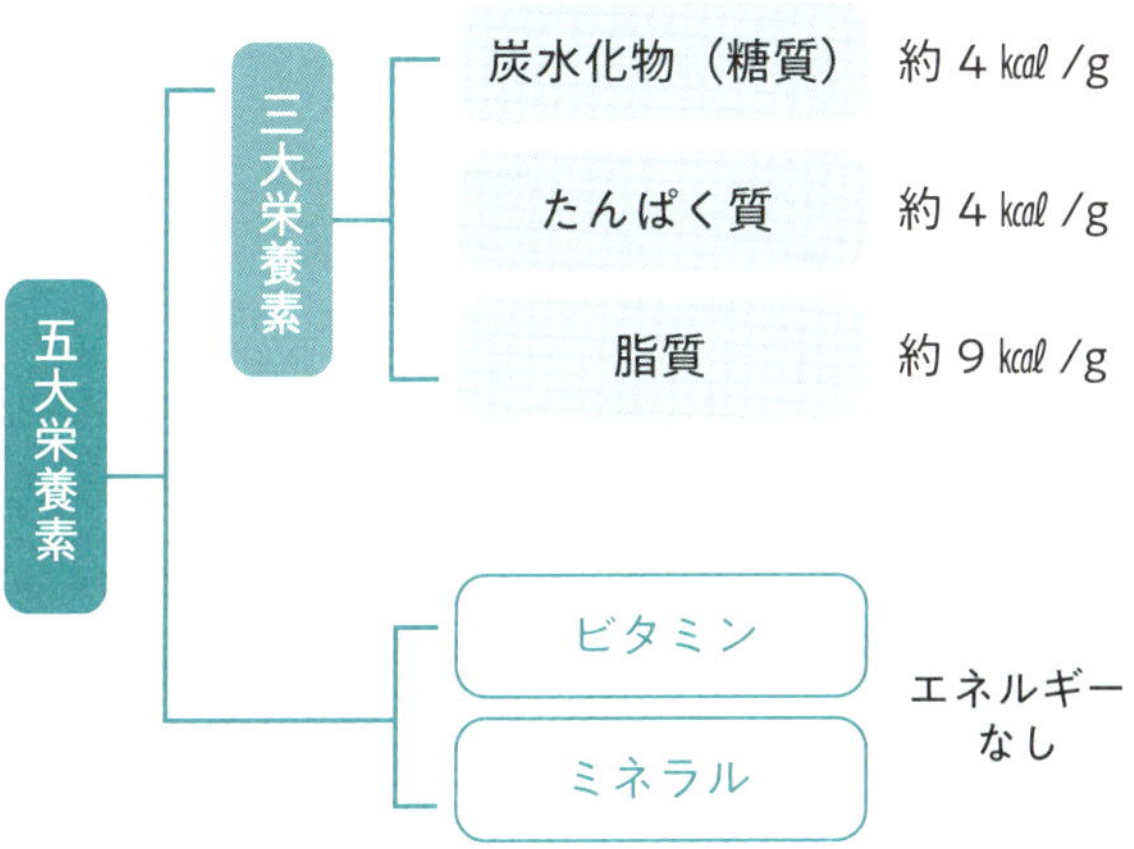
五大栄養素
三大栄養素
炭水化物（糖質）　約４kcal／g
たんぱく質　約４kcal／g
脂質　約９kcal／g
ビタミン
ミネラル
エネルギーなし

代表的な栄養素を総称して「**三大栄養素**」あるいは「**五大栄養素**」と呼びます。家庭科の授業などで、習った記憶はありませんか。

「三大栄養素」とは、

- **炭水化物**（食物繊維＋糖質。ご飯、パン、麺類など）
- **脂質**（動物性油脂、植物油など）
- **たんぱく質**（肉・魚・卵・豆など）

のこと。数ある栄養素の中でも、この三大栄養素がエネルギー（カロリー）を含んでいます。

また「三大栄養素」に「**ビタミン**」と「**ミネラル**」（カルシウム、カリウム、マグネシウムなどの総称）を加えたものを「五大栄養素」と呼びます。意外に思われるかもしれませんが

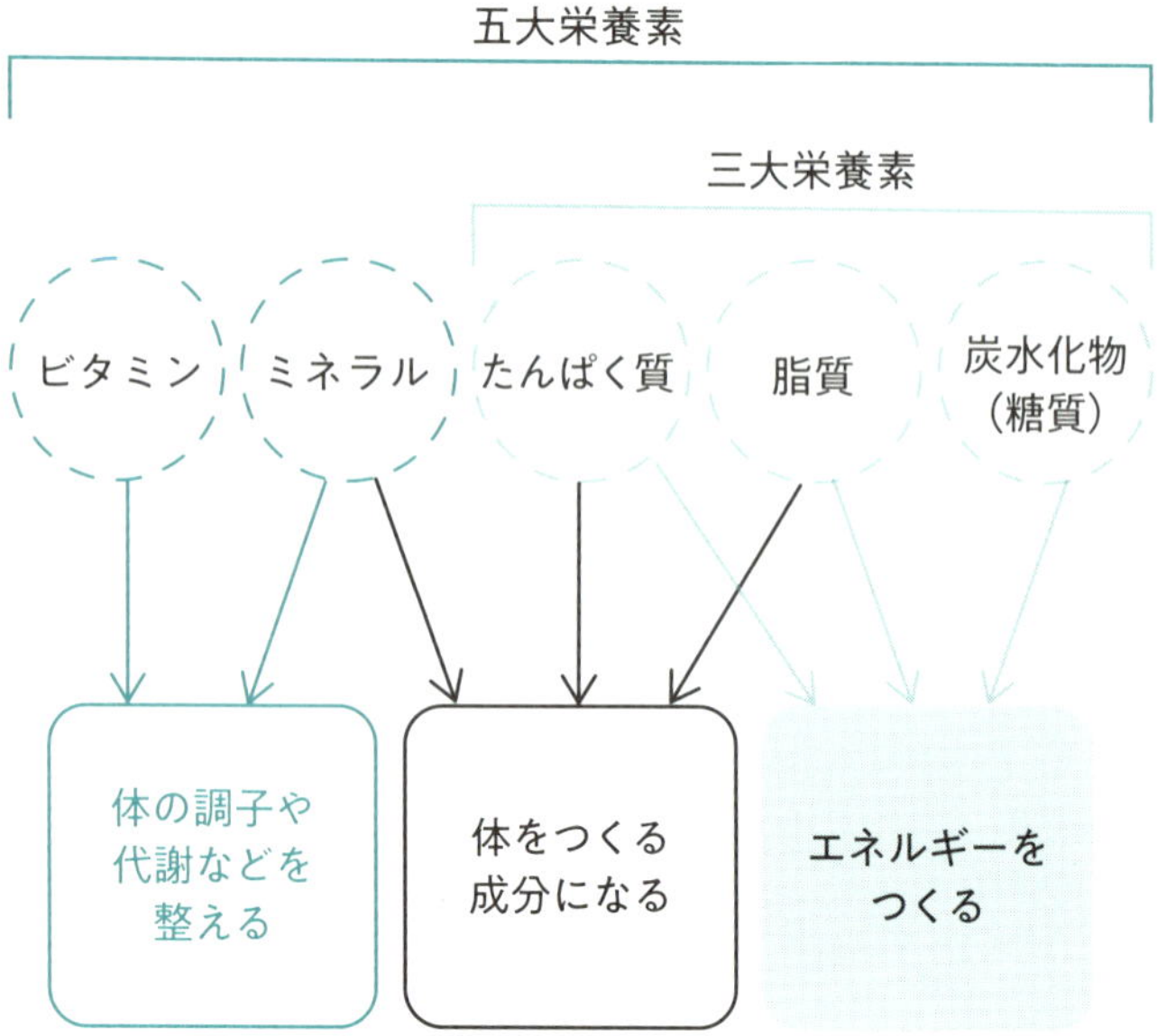
五大栄養素
三大栄養素
ビタミン
ミネラル
たんぱく質
脂質
炭水化物
（糖質）
体の調子や
代謝などを
整える
体をつくる
成分になる
エネルギーを
つくる

※文部科学省食品成分データベース（https://fooddb.mext.go.jp/ranking/ranking.html）をもとに作成。

「ビタミン」「ミネラル」にはエネルギーがありません。

また、栄養素ごとに、担う働きはそれぞれ異なります（上図参照）。ですから「どのような栄養素をどれだけ取り込むか」という内訳によって、体内でどのような仕事が行なわれるかも、変わってきます。

中でも、面白いのは糖質です。**糖質の働きはただひとつ、「エネルギーをつくること」のみ。**ですから、糖質をいくら摂っても「体をつくる成分になる」ことはありません（体脂肪を除いて）。

現代人に足りない栄養素、摂りすぎの栄養素

現代の日本人に共通して見られる、残念な傾向があります。それは、五大栄養素のなかでも**「糖質」「脂質」を摂りすぎている**点。そして**「たんぱく質」「ビタミン」「ミネラル」「食物繊維」は不足しがち**な点です。

たとえば市販のサクサクのスナック菓子やフワフワのケーキ、そしてファストフード店のバーガーセットなどを好んで食べていると、このような傾向は強くなります。

中でも特に注意をしてほしいのは、「高糖質、高脂質な食事をしているのに、たんぱく質が不足しがち」というパターンです。

日々の食事で、最も優先して摂りたいのはなんといっても、たんぱく質です。理由は簡単で、筋肉、骨、皮膚などの「体」そのものをつくってくれるからです。

たんぱく質は約20種類の「アミノ酸」からできています。そのうち9種類は体内で合成することができない「必須アミノ酸」で、食事から摂らなければなりません。

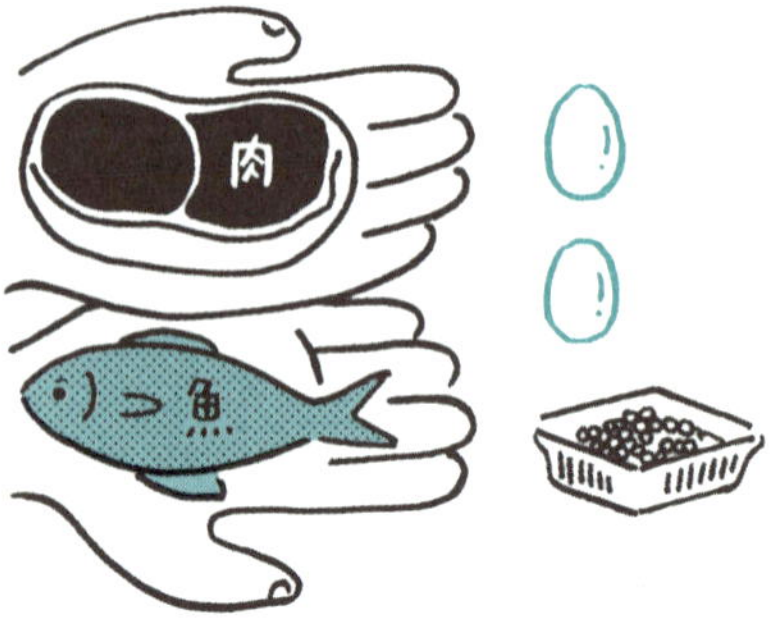

1日に、手のひら２枚分の肉や魚、そして卵２個に大豆製品などを食べるようにするとよい。

その必要量は大人の場合体重１kg当たり１・０gとされています。（運動をしている人は、筋肉を消耗するため、体重１kg当たり１・５〜２・０gは摂ることが理想です）

たんぱく源としては肉類や魚介類などがありますが、それらは脂質を同時に含むので高カロリーであることも多いため「なるべく控える」という人もいるようです。

けれども、もし肌が荒れてきたり、髪が細くなったりしたら、それはたんぱく質が足りない証拠。**「毎食、手のひらと同じサイズの肉類か魚介類を食べるとよい」**とされているので、意識して摂るようにしましょう。

またたんぱく質には「必須アミノ酸」、脂質には「必須脂肪酸」という、体内では合成することができない大事な栄養素があります。万一、これらが不足すると、全体的な栄養バランスが乱れかねません。それほどたんぱく質は大事なのです。

反対に、摂りすぎてしまいがちなのが「炭水化物」（糖質）。こちらは特に激しい運動をしていないのであれば、1食あたり拳《こぶし》1個分の糖質を摂れば十分です。目安としては、ご飯をお茶碗一杯程度。麺類とご飯のセットメニューやパンのおかわりなどを避ければよいでしょう。

脂肪がつかない理想的な食生活とは

最後に、多くの人が「太る原因」として気にする脂肪は、どのようなしくみでできるのか、その仕組みについても、説明しておきましょう。

三大栄養素である「炭水化物（糖質）」「脂質」「たんぱく質」のうち、特に糖質と脂質は主にエネルギー源となり、使い切れずに余った分は「体脂肪」として体に蓄えられていきます。ですから糖質や脂質を摂りすぎると、体に脂肪が付きすぎてしまいます。

✓「三大栄養素」に「ビタミン」と「ミネラル」を加えたものを「五大栄養素」と呼ぶ。

✓ 現代人は「糖質」「脂質」を摂りすぎる一方、「たんぱく質」「ビタミン」「ミネラル」「食物繊維」は不足しがち。

✓ 糖質や脂質を摂りすぎると、体に脂肪が付きすぎる。

したがって、健やかな体づくりのためには、適量の糖質と良質の油脂（特に動物性）を意識した献立を心がけることが大切です。

そして糖や脂質の消費に必須の「ビタミン」、脂肪を分解し筋肉をつくるのに重要な「ミネラル」（マグネシウムや亜鉛など）をよく摂ることです。


このような栄養知識があってこそ、食生活をより向上させることができます。製品表示のカロリー値を見ることも大切ですが、それだけではまったくヤセないどころか、場合によっては、むしろ太ることも起こりえるでしょう。

ダイエットを考えているのなら、五大栄養素のそれぞれの働きについて熟知しておきたいものです。

第1章

運動と体のしくみ

No 1

激しい運動と食事制限は最悪のダイエット法。

食事を抜いて運動はNG!運動するなら、栄養補給が大前提

栄養をしっかり
摂らないと
運動の効果も
出ないいよ

運動を習慣化すると、余分なエネルギーや体脂肪だけでなく、たんぱく質やビタミン、ミネラル（カルシウム、カリウム、マグネシウムなどの総称）など大事な栄養素も同時に消費されるので、栄養不足になりがち。そこで「ヤセたいから」といってさらに食事を制限すれば、栄養不足は加速します。生理不順や貧血などの不調が出たり、過食してリバウンドしたりする可能性も高くなります。よいことをしているつもりかもしれませんが、食事を減らして運動をするのは、体にとってはダメージばかり。ダブルパンチでしかありません。

No 2

有酸素運動を
やればやるほど
カロリーを消費
しにくい体になる。

「ヤセたければ、まず走る？」答えはノー、有酸素運動は代謝を下げ、ヤセにくくする

体が運動に
「慣れ」て、
かえって
ヤセにくく
なるんだって

ダイエットといえば有酸素運動（ウォーキング、ランニング、水泳など）というのが、一部で〝定説〟になっています。「ヤセたければまず走るべきですか？」とよく聞かれますが、答えはノー。有酸素運動は、やればやるほど体が少しのエネルギーで効率よく動ける〝省エネ型〟に変化してしまいます。つまり代謝が下がる＝ヤセにくくなる、ということ。普段の活動量が少ない人が、活動量を増やすためにウォーキングなどを行なうのならよいのですが、「ヤセるため」だけに走ろうというのは賢明ではありません。あくまで食事をベースとして考えた上で、運動をプラスするようにするのがベストです。

No 3

運動を頑張るより
食事を変える
ほうが圧倒的にラク。

ピザ1切れ分のカロリー、ガマンなら一瞬、走って消費すれば30分

体重50kgの人が、時速8kmの30分ランニングで消費できるエネルギー量は、200kcal（およそピザ1切れ分）。一方で、体脂肪は1kgで7200kcalのエネルギーを持っているわけですから、1日30分のランニングで1kg分のエネルギーを消費しようとしたら、36日間も続けなくてはならない計算になります。200kcalを走って消費するより、「食事のときに200kcal分抑える」ほうがはるかに効率がよいのは明らかですね。運動で体脂肪を消費しようと試みるのは、「ギャンブルで一瞬にして消えたお金を、時給の低いアルバイトで何時間も労働して取り戻し、また一瞬にして使い果たす」ようなもの。「ヤセるための運動」ほど非効率なものはありません。

No 4

ほとんどの肥満の原因は「運動不足」より「栄養不足」。

栄養の過不足が代謝の低下（ヤセにくさ）を招いている

ダイエットのスタートはたんぱく質を摂ることから

「運動でヤセよう」と考える人は、「摂りすぎたカロリーをどれだけ消費できるか」ばかりを考えすぎ。運動によって、ビタミンやミネラルなどの栄養不足を招く危険性に気づいていません。

健康的にヤセたいなら、運動の習慣化より、まず食事を改善しましょう。現代人の多くは、たんぱく質をはじめビタミン、ミネラルなどが不足している代わりに、エネルギーとして余りやすい精製糖と粗悪な油を摂りすぎている傾向にあります。だから代謝機能も低下して、太りやすくなるというわけです。

№ 5

筋トレで基礎代謝を上げるのは至難。

筋肉を1kg増やすのには1年かかる。代謝アップも、容易ではない

筋トレで
代謝のいい体を
つくるのは
大変だよ

「代謝を上げる」とは「体内のエネルギーや栄養素を上手に扱えるようになること」。そのことから「筋トレで筋肉を鍛えれば基礎代謝が上がりヤセやすくなる」という人もいます。確かに間違いではありませんが、現代では「基礎代謝量のうち筋肉が消費するのは約18％」とされており[※1]（以前は約40％とされていました）、代謝を上げるにも食事を改善するほうが早道です。

というのも、筋肉を純粋に1kg増やすのには約1年かかるといわれるほど大変で、また、それだけ増えても基礎代謝量は約15～45kcal程度しか増えません。筋トレは決してムダではありませんが、基礎代謝を上げて太らない体になるのには相当な時間を要するということです。

※1 FAO/WHO/UNU合同特別専門委員会報告 1989年

No 6

お腹を凹《へこ》ますなら腹筋運動より食事の改善。

食事を変えれば、内臓脂肪が落ちて見た目も激変する

腹筋運動をしても、お腹は凹みません。たしかに、正しく腹筋運動を行なうと筋肉が付くため、引き締まった印象になることはあります。でもそれは、筋肉を鍛えたせいでその上の脂肪が引き上がっただけ。動かした場所の脂肪がみるみる燃焼されていくということは起こりません。

お腹を凹《へこ》ませたいなら、食事の内容を変え、内臓脂肪を落とすのが最も効率的です。「ＢＭＩ22超で、お腹がたるんでいる人」のほとんどは、内臓脂肪が原因。人の体がヤセ始めるとき、最初に落ちるのは内臓脂肪で、これは食事を変えれば容易に減ります。一方落ちにくいのが、お腹の皮下脂肪（つかめる腹肉）。減らすなら、根気強く、正しい食事を続けることです。

No 7

運動は「体が栄養を欲しがる状態」にするために行なう。

運動はきっかけにすぎない。代謝を上げるのは、筋トレではなく食事改善

しっかり食べて
代謝アップ！

代謝改善を目指すなら、「筋トレで筋肉量を増やす」より、「運動刺激によって栄養欲求を高め、代謝を改善していく」という考え方が正解。つまり、正しい運動によって栄養を欲しやすい状態にして、適切な食事を摂って代謝を上げていくという方法です（糖質や脂質をうまく処理できるように、「加速をつけるため」に運動をするというなら、筋トレにも意味はあります）。

適切な食事とはビタミン、ミネラルなどがきちんと摂れた上で、高たんぱく質であることです。

№ 8

ジム通いは週2回が目安。毎日通う短期決戦型はリバウンドの要因。

健やかにヤセるためには、あせらず時間をかけることも必要

急いで結果を出そうとすると失敗するよ

定期的に運動をしているフィットネス人口は、日本の場合、人口の約3％[※2]といわれます。ただし「フィットネスクラブに通っていたことがある」という人は多いけれども、継続している人は少ないのが実情。つまり「運動は続かない」という前提に立って、体づくりを考えていくべきなのです。

もし、あなたが運動好きでジムに通いたいなら、週2回を目安にしてください。週3回以上では、短期で飽きてしまうなど「続かないリスク」が高まります。早く結果を出したいという気持ちはわかりますが、「その短期決戦思考」こそ、今までのダイエット法で失敗してきた原因ではないでしょうか。

※2 Fitness Business 調べ（2016年）

№ 9

ジムで有酸素運動や
筋トレをする前に、
普段の生活の
活動強度を上げる。

「ジム通い」は不摂生の言い訳になりやすい

ジムで運動するのはよいことですが、あえて運動をしなければ脂肪が減らないという訳ではありません。それより「普段の生活で脂肪を燃焼させる」ほうが正解です。たとえば階段を使う、1駅分多めに歩く、家事の動作を大きく意識的に行なうなどすればよいのです。実際、いつもより早歩きするだけでも、大腰筋《だいようきん》（お腹の奥のインナーマッスル）がよく使われるようになり好影響が出ます。

このように日常の活動量を上げて1日トータルの消費カロリーを増やすことができれば、わざわざジムで有酸素運動や筋トレをする必要はありません。何より、ジムに行くことに満足してしまい、他の時間帯の活動量が減ったり、運動後にビールを飲んだりするようでは本末転倒なのです。

№10

こだわるなら、どんな運動をするかより、どう筋肉を使うか。

体の動かし方にこだわれば、見た目も変わる

体は一人ひとり
違うから
正しいやり方も
異なってくるよ

「脚を細くするならスクワット」「美脚のためにはランニング」……。こんな単純な図式を当てはめにくいのが、体の複雑なところです。ボディメイクを目的にする場合、運動の「種類」より「動き方」、つまり「筋肉の使い方」や「フォーム」に注目することが重要です。その際には「つま先を30度に開く」など具体的な言葉に従い、体を動かす必要があります。もっと言うと、その人の「体のやわらかさ」や「体の使い方のクセ」などを考慮することも大事です。

私が情報を発信するときは、多くの人に共通する落としどころを探りながら、体の動かし方を伝えています。皆さんも、体の動かし方をできるだけ客観的にセルフチェックしてください。

No11

新しいダイエット方法を試すより、食習慣を見直すほうが効果的。

ダイエットについては、流行オンチでいるほうが◎

「きちんと食べる」は
流行に左右されない
究極のダイエット法だよ

「なんだかよさそう」というイメージ先行で、メディアが発信する情報に飛びついてしまう人は、なかなかヤセにくい傾向があります。トクホしかり、スーパーフードしかり。また今まで一世を風靡《ふうび》してきたさまざまなダイエット法についても言えることです。特にメディアで報じる「〇〇ダイエット法」などは、肥満ゾーン（人口の2～3割）を対象としていることがほとんど。つまり、それ以外の「肥満ではない人」「低体重の人」が鵜呑みにしても「なかなかヤセない」どころか、危険ですらあります。情報に振り回される前に、地道に食習慣を改善するほうが、健やかにヤセられるはずです。

№12

我慢するのではなく「選んで」食べる。

我慢より「良質なもの」「おいしいもの」を食べるのがダイエットの早道

「食べたいものを食べる」という気持ちは大切です。ただ「食べたいもの」の引き出しが少ないと、粗悪なものを選びがち。数多くの「良質でおいしいもの」を知り、それを追求するのも、立派な「ダイエット」です。だから、本当においしいものを選んで「よい記憶を残す」という体験が大事。そのような体験が乏しいと、我慢や妥協に慣れ、適当なものを口にして嫌な記憶を残すだけです。もちろん、ジャンクフードや甘いものが好きなままでもかまいません。けれども、それを「おいしい」としていた自分の評価基準を、別の「良質でおいしいもの」にシフトさせることは可能です。自分で食材を吟味し、料理にハマって味を追求すればコストも抑えられます。

№13

日々の体重変化に一喜一憂しない。

「体重を測って落ち込むプレイ」は、もう卒業

毎日体重を測り、その結果に一喜一憂する——これでは食事自体がストレスになってしまいます。日々の体重の増減のほとんどは体脂肪ではなく、水分か食べ物自体の重さの変化。つまり、体重が2～3kg増減しても、実際に体脂肪は日々では数グラムしか増減していません。「ヤセられない自分」にイライラするようなダイエットは、今すぐ止めるべきです。

そして、まずは「筋肉を落とさないようにして、できるだけ脂肪だけ落とすこと」を目指しましょう。「筋肉を落とさない」ことを念頭に置けば、「食べる量を単に減らしてもうまくいかない」と実感できますし、また体重が落ちないことで、不安に駆られることもなくなります。

№14

短期間で体重を減らそうとすると太りやすい体になる。

「筋肉をつけるのはヤセてから」ではなく筋肉はキープして脂肪だけを撃退する

短期集中ダイエットはリバウンドしやすいんだって！

短期集中型で体型を変えようとする人がいますが、それこそ、ダイエットに失敗する原因です。なぜなら、食べグセはすぐに治らないばかりか、体脂肪も「すぐに落ちる」という性質のものではないからです。たしかに、2か月で10kg体重を落とすなどハイペースの減量は可能ですが、それだと筋肉も大幅に落ちていることがほとんど。リバウンドの可能性も高くなる上に、短期間に体重増減を繰り返していると筋肉が削られ、やがて効果が出なくなります。「減量してから筋肉を増やせばいい」と言う人もいますが、それは大変なこと。「筋肉はできるだけ落とさず脂肪だけ落とすこと」に留意すべきです。そうなると、必然的に食事の内容を改善することになります。

№15

食事制限は一時的。運動も一時的。でも、食事改善は一生モノ。

ダイエット成功後の自分の姿をイメージする

理想の体になれても、「食べること」に惑わされているようでは、「ダイエット成功」ではありません。何をどれだけ食べればいいか、自分の適量を体感的にわかるようになる地点が、真のゴール。さらに言うと、ダイエットして得た体重と体型をどれだけ長く保ち、健やかでいられるかが問題なのです。

理想の体を手に入れてからの、自分の人生の青写真を描いてみましょう。体が健やかであれば、年齢を重ねても、生活習慣病やあらゆる病気の不安を遠ざけることができます。人生の選択肢も、当然広がります。食事制限や流行りのダイエット法と違い、食事改善は一生モノ。長いスパンで人生をとらえ、計画的に生きていければ最高です。

№16

ヤセたいとき、まずやるべきは便秘解消。

体重変化よりも注目すべきは腸。正常な腸内環境が栄養状態を整える

ダイエットの前に
便秘を
解消しよう！

健康的にヤセたいとき、まずやるべきことは「便秘の解消」です。食事を改善して、食材を吟味するようになっても、慢性便秘の場合は簡単にヤセないことが多いもの。そんなときは、体重変化よりも、便秘の解消を優先的に目指していきましょう。

栄養素を体中に運んで届ける「入口」は、口《くち》ではなく腸です。腸の状態で栄養素の吸収が違ってきます。当然の話ですが、入口の腸内環境が正常でない限り、全身の栄養状態はいつまでたっても向上しません。

No 17

貧血でカロリー制限は絶対NG。腸内代謝がカギとなる。

単なる食事制限では、「貧血」しか得られない

ヤセたいなら
まずは腸内環境の
改善から

ダイエットを繰り返す女性に多い、貧血。食事の量を減らせば減らすほど、栄養不足に陥り体調は悪化の一途をたどります。むしろ、正しく食べることで貧血を改善することが、ダイエットのスタート地点だととらえましょう。

また、「貧血の原因＝鉄分不足」という印象があるかもしれませんが、たんぱく質を摂ることも大事です。前提として、ビタミンCや亜鉛の摂取も欠かせません。そもそも栄養を吸収するための腸が荒れていれば、栄養をどれだけ多く摂っても、高い効果は期待できません。貧血の人は食べ物だけでなく腸内環境の改善も目指しましょう。

№18

肥満者は
例外なく早食い。

よく嚙み、唾液を多く出したほうが満腹感が得られてヤセやすくなる

早食いの弊害は「嚙む回数が減る」こと。結果、満腹中枢が刺激されにくくなり、食べすぎて太るのです。食べ物を嚙むと脳の中枢が刺激を受けて「ヒスタミン」が分泌されます。これにより満腹感を覚えることができます。しかし、嚙む回数が少ないとヒスタミンが増えないため、いつまでも食べ続けたくなってしまうのです。また、嚙まないと唾液が出にくくなり〝ヤセエキス〟ともいうべき「IGF-1」（インスリン様成長因子）も分泌されにくくなります。「IGF-1」には、血糖値の上昇を抑える働きがあります。

このように、早食いは満腹感を得づらくするばかりか、血糖値を乱すので、ヤセづらくなるのです。

№19

甘いものがやめられないのは「栄養不足」のせい。

甘いものをやめたかったらまずは食事で、お腹も心も満たす

栄養を
しっかり摂れば
あえて甘いもの
を欲しがらなく
なるかも

「甘いものがやめられないのですが、どうしたらよいでしょう？」という質問を、よくいただきます。「甘いものがやめられない人」には、いくつかの理由があります。

まず考えられる理由は、カロリー不足。食事が貧相だから、甘いもの（＝お菓子）で補いたくなるのです。2つ目の理由は、ミネラルやビタミンなどの栄養不足。ミネラルやビタミンにはさまざまな種類がありますが、特にビタミンB群やマグネシウムは糖代謝に関わるので必ず充実させたいところです。

甘いのものは、いわばカンフル剤。血糖値を急上昇させることで元気を取り戻すことは可能ですが、そもそも低血糖になったのは栄養不足のせいかもしれません。

№20

加工食品より自然に近い食材を選ぶ。

粗悪な食品ほど「噛まなくていいもの」が多い。迷ったら噛む回数が多い食材を選ぶべき

「栄養価の高いものを、数多く噛む」ことは、食事において重視したいことのひとつ。したがって、咀嚼《そしゃく》の回数を増やすためには、加工食品より自然に近い硬めの食品を選択するのがオススメです。

加工食品は概して柔らかく、あまり噛まなくても飲み込めるようになっているものがほとんど。加工食品ばかり食べている人は、せっかくの「噛む機会」を損失しているといえます。

№21

ジュースやお菓子は主食の代わりにはならない。

血糖値の急上昇や上がりっぱなしも、ヤセない原因

お菓子を食べる
くらいなら
ご飯をたくさん
食べたほうがいいよ

太るからといって、主食代わりにお菓子（もしくはジュース）を摂るという人がいます。しかし、それなら「お菓子をゼロにして食事の際にお米など主食を食べる」ほうがはるかに健全です。さらにいうと「空きっ腹にお菓子を食べる」のは最悪です。

　お菓子はたいてい高ＧＩ（ＧＩ＝グリセミック・インデックス。食品が糖に変わり、血糖値が上昇する速さ）食品で、食後に血糖値をドカンと上げます。また、頻繁にお菓子を食べていると常に血糖値が上昇しているので、それを下げるためにインスリンが出続け「まったくヤセない」という事態をも招きかねません。お菓子をやめられない人は「お菓子を欲しい」と思わないくらい、食事の量を増やすことをオススメします。

№22

朝食を食べたほうがダイエットは成功しやすい。

いい1日は、たんぱく質の摂取から始まる

朝食をまったく摂らないことには、デメリットがあります。体内で糖をつくり出す「糖新生《とうしんせい》」の際に使われるアミノ酸が、起床後は不足しています。すると体脂肪ではなく、筋肉が分解されてアミノ酸が使われることになります。このときに筋肉ではなく体脂肪を燃焼させるには、朝食でたんぱく質を摂ることが大切。コンビニの「ゆで卵＋おむすび」でもOKです。もちろん「高たんぱくな朝食を食べた」からといって、必ずしもヤセるわけではありませんが、朝食を食べるほうが必要量の栄養を摂りやすくなり、また、便秘も防げるので、結果的にダイエットも成功しやすいといえます。

№23

日本人は標準体重でも糖尿病になりやすい。

太っていないからといって安心できない。糖質過多こそ、美容と健康の大敵

ヤセている人でも糖尿病になる可能性があるんだって

日本人の平均ＢＭＩは約21で、世界的に見ればヤセているにもかかわらず、糖尿病の罹患率《りかんりつ》は高めです。糖尿病というと肥満の象徴のようですが、実は糖尿病患者の平均ＢＭＩは24で、肥満ではないことが多いのです。[※3] これは、たとえ太っていなくても、食が乱れれば誰でも糖尿病になる可能性があるということ。特に「お酒&お菓子好き、でもヤセている」という人は要注意です。糖尿病とは、代謝が狂った状態です。自分の代謝能力に見合わない量の糖質を摂り続けると、発症リスクが高まります。たとえ糖尿病と診断されていない人でも、その予備軍（「食後高血糖」（Ｐ１２４）、「境界型糖尿病」）である可能性は高いもの。糖質への欲求を上手くコントロールしましょう。

※3 糖尿病データマネジメント研究会 調べ（２０１７年）

No.24

月経後から排卵までの1週間こそ、女性が最もヤセやすいタイミング。

誰にもヤセにくい時期とヤセやすい時期がある。体のリズムを知って、味方につけよう

女性が最もヤセやすい時期は、エストロゲン（卵胞ホルモン）の量が増えてくる、月経半ばから約1週間、排卵までの間です。エストロゲンの量が増えると食欲が抑えられ、さらにストレスもたまりにくくなる傾向があり、心も体も調子がよい時期だからです。一方、最もヤセにくい時期は、排卵が始まってから生理が始まるまでの時期。特に生理前に出るプロゲストロンというホルモンは、インスリンの効きを悪くするので、血糖値が乱降下しがちです。このため異常に甘いものが欲しくなったりするのです。普段から糖質依存がある人は、その傾向がより顕著になると言えます。自分の体の周期を把握して、食生活の改善計画を立てていきましょう。

№25

動脈硬化の原因は、コレステロールではなく酸化ストレス。

コレステロール悪役説は間違い。糖質過多が高血糖や動脈硬化を招く

酸化ストレスの
原因は過度の
運動や偏食、
そして
不健康な
生活習慣など

「心筋梗塞など動脈硬化のリスクを高める」として悪者扱いされてきたコレステロール。しかし２０１５年、食品コレステロール摂取と脂質異常症に関連性が低いことが発表されました。[※4] 厚生労働省はコレステロール摂取量の上限値を「撤廃」（「上限引き上げ」ではない）しています。

動脈硬化の本当の犯人はコレステロールではなく「糖質」です。高血糖はさまざまなメカニズムで、酸化ストレスを高めます。それが動脈硬化の原因をつくり出しているのです。

※４　日本人の食事摂取基準（２０１５年、厚生労働省）

№26

ファスティング（断食）を安易に行なうと、逆に太りやすくなる。

無理な断食は危険を招きかねない。日々の食事を少しずつ整えていくほうがラク

一般的なファスティング（断食）は、専用のドリンクなどを使って、最低限のカロリーを摂取しながら、固形物は摂取しないという方法をとります。最低限のカロリー摂取ですから、むくみがとれて2～3kgはすぐに体重が落ちたり、体脂肪も減りやすい状態になったりします。ただ、無理なく準備食を行なわないと低血糖でフラフラになったり、ファスティング後の回復食が上手くいかず暴飲暴食してしまったりなどのリスクが非常に大きいため、安易に自己流で行なうことはオススメしません。ダイエットの観点でいえば、断食での一発逆転より、普段の食事を少しずつ調節するほうが、ラクで効率的なことは言うまでもありません。

№27

「グルテンフリー食」が必要な人はごくわずか。
ヤセるかどうかにも関係ない。

いわゆる「〇〇食事法」にヤセ効果を求めるのはもうおしまい

「粉もの」には太りやすい食品が多いから
それを断って「ヤセた」とカン違いすることも

小麦、大麦、ライ麦などの主成分・グルテンを避ける食事法「グルテンフリー食」が話題です。けれども「グルテンで腸が荒らされる」など体にダメージを受ける人は、全人口のわずか数%にすぎません。そのような人が治療としてグルテンフリー食を取り入れることは正解ですが、そうでない人にとっては健康効果も減量効果もありません。グルテンフリー食は、セルビアのプロテニスプレイヤー、N《ノバク》・ジョコビッチ選手によって有名になりました。けれどもジョコビッチ選手がグルテンを断ったのは、彼がグルテン不耐症だったから。同じ病気の心当たりがあるなら検査をしてもよいでしょうが、皆が皆「グルテンフリーでヤセる」ということはありません。

No28

水の必要量は人それぞれ。「1日2ℓ」に根拠なし。

水の摂りすぎは、むくみを招くだけ。食事中の水分取りすぎも注意

食事は水で
流し込まずに
しっかり噛んで!

「1日2ℓの水を飲むべき」という説を信じている人がいますが、この説に科学的根拠はありません。もちろん、運動をしていれば別ですが、代謝できる必要以上の水の摂取は逆に弊害もあります。

水を過剰に飲んだ場合、代謝能力が低いと、むくみの原因となります。したがって、食事中の水のガブ飲みも、控えたいもの。1回の食事でせいぜいグラス1～2杯が適量です。1日の摂取量は夏場なら1ℓ、冬なら500㎖程度が目安でしょうか。飲みたいだけ飲んでいいのですが、必要以上に飲むことに意味はありません。水を飲めば飲むほど、老廃物が排出されたり、ヤセたりするわけではないからです。

№29

食事は寝る3時間前までに終える。

夜10時〜朝2時は消化の際に体脂肪を溜めやすい。夜に血糖値を上げるのはNG

夜、
お腹がすいたら
「寝てしまう」
が正解かも

「時間栄養学」では、夜10時から朝2時までの間に「BMAL1」（ビーマルワン）というたんぱく質が活発化し、脂肪細胞を取り込みやすくするとしています。[※5] つまり「昼間より夜中に食べるほうが脂肪細胞になりやすい」と言えます。消化には通常4〜5時間かかるもの。消化している時間帯が夜10時から朝2時にかかると、体脂肪を溜め込みやすくなります。「夜は全く食べない」のではなく「夜に血糖値を上げるようなものは控えること」を目指しましょう。血糖値が上がるとインスリンが分泌され、体脂肪を溜め込みやすくなるので、それを避けられれば理想的。寝る3〜4時間前には食べ終えたいので、夜8時頃までに食事をすませられるとベストです。

※5 SHIMBA shigeki 2005

№30

睡眠不足の人は肥満率が高い。

眠っている間にも体はヤセ続ける！ダイエット効果を期待して眠ってOK

米・コロンビア大学が２００５年、32〜59歳の男女８０００人を調査した結果、平均７〜９時間の睡眠時間の人に比べ、４時間以下の睡眠の人の肥満率は73％も高くなりました。また５時間睡眠の人は、肥満率が50％も高くなっています。※6 米・スタンフォード大学が２００４年に行なった調査では、睡眠時間と食欲の興味深い関係が判明しています。８時間寝た人に比べ、５時間しか寝ていない人は、食欲がわくホルモン「グレリン」の量が約15％多く、食欲を抑えるホルモン「レプチン」の量が約15％低かったのです。※7「起きている時間が長くなるほど、体は『エネルギーがもっと必要』と判断し、食欲旺盛になる」。多くの専門家がそう指摘しています。

※6 Gangwisch JE,Malaspina D,Boden-Albala B,HeymsfieldSB.Sleep 2005
※7 TaheriS,LinL,AustinD,YoungT,PLoS Med 2004

№31

ダイエットで注意すべきは体重より肉の〝厚み〟と〝感触〟。

体脂肪は「見た目」よりもつかんだほうが正確にわかる

ダイエットにおいては、全身を鏡に映したり撮影したりして、〝見た目〟の観測を続けることが大切です。加えて、自分で肉をつまんで変化を知ることが大事。肉の厚みと感触から、体脂肪の増減を把握するのです。特に、脂肪が落ちにくい「二の腕」「背中」「腰回り」「下腹」「内モモ」の5か所の肉を定期的につかみ、厚みと感触をチェックしましょう。

脂肪が多いときは皮膚と脂肪がくっついてセルライト状になっているため、ツルンツルンと皮膚が逃げてつかみにくくなっています。「皮膚だけをつまめるようになった」「脂肪の層が薄くなった」と感じることができれば、食事を含めてボディの改善が順調に進んでいる証拠です。

№32

ポッコリお腹の原因は筋肉不足。

お腹を気合いで引っ込ませるクセをつける

手足は細いのに、なぜか下腹だけポッコリ出ているという方がいます。そんな「ポッコリお腹」は、筋力不足が原因。内臓を支える筋肉が弱くなっているので、お腹がポッコリと出てしまうのです。

解決したい場合は、お腹を引っ込ませる「ドローイン」を日常的に行ない、筋肉にこまめに働きかけて内臓の位置を元に戻すことが必要です。もちろん、食事面でのアプローチも重要。筋肉を付ける食事を心がけましょう。糖質は控え、たんぱく質を十分に摂ることをオススメします。

■ドローインのやり方

①姿勢をまっすぐにしてお腹を引き上げながら、鼻から息を吸って胸に空気を入れる。

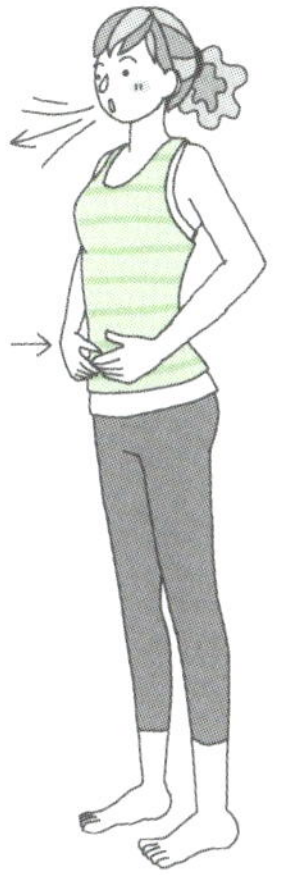

②お腹を引き上げたまま、口から息を吐いてお腹をへこませて、お腹に圧を感じる。

このへこんだ状態をキープして①から繰り返す。

こまめに行ない、常にドローインしている状態になれば理想的。

No33

日常の「立つ」「座る」動作を正すだけでウエストシェイプできる。

「立つ」「座る」の動きを〝エクササイズ〟に

普段の姿勢を正しくするだけで、ウエストは健康的に引き締まります。たとえば、「立つ」とき。ドローイン（↓P97）をするつもりで、常にお腹にテンションをかけ続けることができれば理想的です。また、ひざは伸ばしきらないよう注意しましょう。

そして、「座る」ときは、お腹を引き上げるような意識で椅子に腰をかけます。少し前傾気味の姿勢をとって、坐骨も前に倒し、太ももの裏の付け根で座るようイメージしてください。

■こんな立ち方はNG

胸と腰を反ってお腹を出している
ひざを伸ばすために前ももに異常に力が入っている

骨盤の左右バランス、位置がずれている

■座り方の注意点

腰を反らしすぎないように注意

OK：骨盤を起こすために重心をやや前にかけ、太ももの裏に体重を乗せる感覚で座る。

NG：背もたれに寄りかかってお尻を座面にべたっとつけて座る。

№34

モンローウォークはNG。腰は振らずに股関節を動かして歩く。

ラクして歩くから、下半身に余分な肉がつく

■股関節を動かして歩く

股関節を
動かすことを
意識する
NG：腰は
振らないこと

「歩く」ときは、お腹を引っ込めるだけではなく、「腰を振らないこと」を心がけてください。「股関節を動かして歩く」のが本来正しい歩き方。腰（骨盤）を左右に振るはずみで、ラクして足を動かして歩くと、体重が外へと逃げ、お尻や太ももに肉がついて、骨盤がどんどん開いていくことになります。

No.35

ダイエッターにオススメが
ミネラルを経皮吸収する
エプソムソルト温浴。

皮膚からミネラルを吸収。栄養不足は、入浴でも改善できる

ソルト(塩)といっても食塩は入っていないよ

体に温熱刺激を与える「HSP」(ヒートショックプロテイン入浴/42~43度のお湯に10分つかり、熱刺激でミトコンドリアの活性化を促す入浴法)が話題になりましたが、熱湯に耐えるのはけっこうな負担です。

そこでオススメしたいのが「エプソムソルト温浴」。エプソムソルトとは硫酸マグネシウムの結晶の粉末で、通販でも入手できます。

発汗効果やリラックス効果に加え、経皮からマグネシウムを吸収する効果も期待できます。湯温を上げすぎる必要はなく「1回20分以下」の入浴でOK。

No36

有酸素運動なら、踏み台昇降が最強。

あれこれ運動法を考えるより、1日30分の「踏み台昇降」で体は変わる

ウォーキングより
効率がいいのだ

強度の変えられるランニングマシンが自宅にあれば最高ですが、現実的ではありません。そこで運動不足解消のために提案したいのが、昔ながらの「踏み台昇降」。テレビを観ながらの「ながら」でもOK、1日30分行なえば体が変わってくることを実感できることでしょう。

ステップ台は、通販で2～3000円で入手できます。またステップ台を高くしたり、速く動いたり、ダンベルなどを持ちながら行なったりすることで、強度を変えることも可能。

1回10分を3セットに分割し、違う時間帯に行なってもよいのですが、30分間通しで行なうと一層体力がつきます。

№37

有酸素運動は夕方以降、食後2〜3時間空けてから行なうのが効果的。

同じ有酸素運動でも、運動効果を高めるタイミングがある

目が覚めた
直後に走るのは
控えたほうが
いいかも

よく、「ランニングやウォーキングなどはいつやるのが効果的ですか？」と聞かれますが、オススメは夕方以降。起床後すぐの有酸素運動は心臓のトラブルなどを招きかねないので、体が覚めきらないうちは控えたほうがいいでしょう。

また、運動前に「食事を摂るかどうか」という問題もあります。食事の直後は血液が消化器に集中するため、運動のパフォーマンスは下がるし、運動をすると消化が滞ります。よって食前か食後2～3時間空けてから運動をするのが理想です。なお、ゼリー状の栄養ドリンクやフルーツなど消化のよいものなら、運動の直前に食べても大丈夫。競技前など運動効果をアップさせたいなら、小腹を満たして体を動かしましょう。

№38

美ボディになりたいなら お尻、内モモ、 背中を鍛える のが近道。

大きな筋肉を鍛えれば、見た目はすぐ変わる

美ボディをつくる厳選エクササイズ

1 お尻&内もものストレッチ

股関節が内側に回旋している（内旋している）と「下半身太り」の原因になります。股関節を外側に回旋させる（外旋する）ストレッチをしましょう。

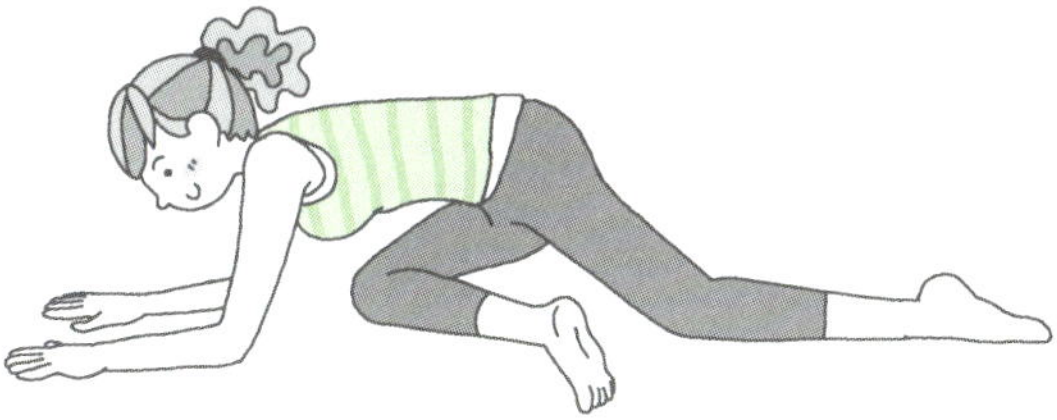

①両ひじをつき体を支える。右ひざを曲げて、左脚は後ろへ伸ばす。

②骨盤を前傾させながらお尻を右にスライドさせて、お尻の奥の筋肉を30秒以上伸ばす。お尻は床へ完全に落とさないように注意。反対側も同様に行なう。

背中とお尻の
位置が一直線に
揃うように。
お尻が下がらない
よう、気をつける。

2 ヒップリフト

①あおむけに寝て膝を曲げる。膝は肩幅に開き、曲げ角は90度より小さくする。両腕は体の横に、手のひらを床につけて置く。

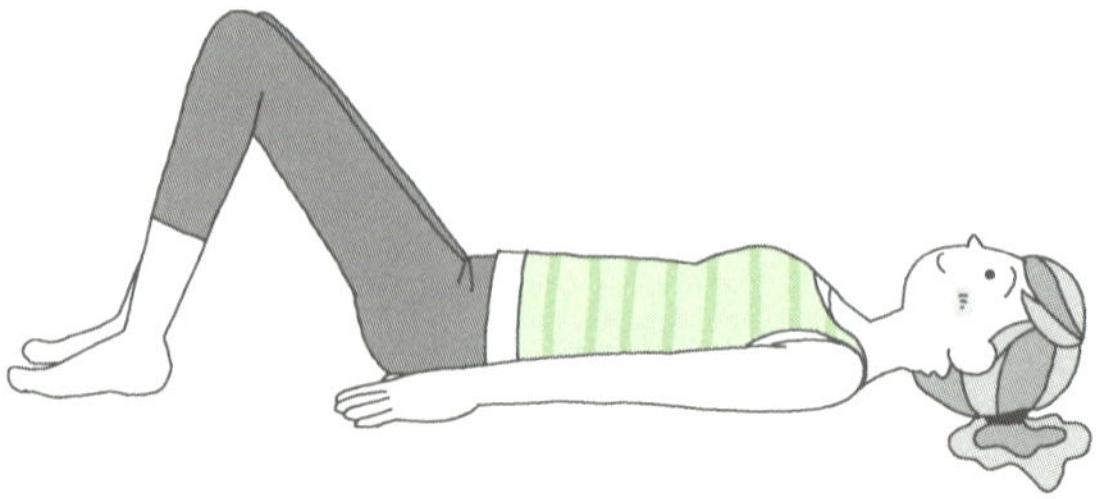

②かかとで床を押し、お尻を引き上げる。恥骨側をすくい上げるよう意識する。腰を丸めるように上げて、その姿勢を20秒間キープ。

お尻にも力を入れてキープ
首からひざまでは一直線、腰を反らさない

③お尻、背中と床に下ろして、①の姿勢に戻る。

①~③を1セットとして、20セット繰り返す。

3 ワイドスクワット

ポイントは「股関節」。ひざを外側に向け、股関節を外旋させながらお尻を落としましょう。お尻、内もも、下腹部にしっかり刺激を与えることができます。

①足を肩幅より大きく開いて立つ。

両手は胸の前で交差させる
つま先は30度外向きに開く

ひざを足の小指の方向に向け、
体重をかけていくよう意識する

②お尻をゆっくりと下へ落とす。

③お尻を締めつつ、ひざの向きをキープしてそのまま立つ。

ひざは、完全に
伸ばさないよう注意

④ゆっくり立ち上がる。

①～④を1セットとして、10～15セット繰り返す。

4 胸のストレッチ

胸と背中は連動しているため、背中のエクササイズの前に胸のストレッチを。

①あお向けの姿勢で寝転ぶ。左ひざを直角（90度）に曲げ、ひざの内側を床につける。

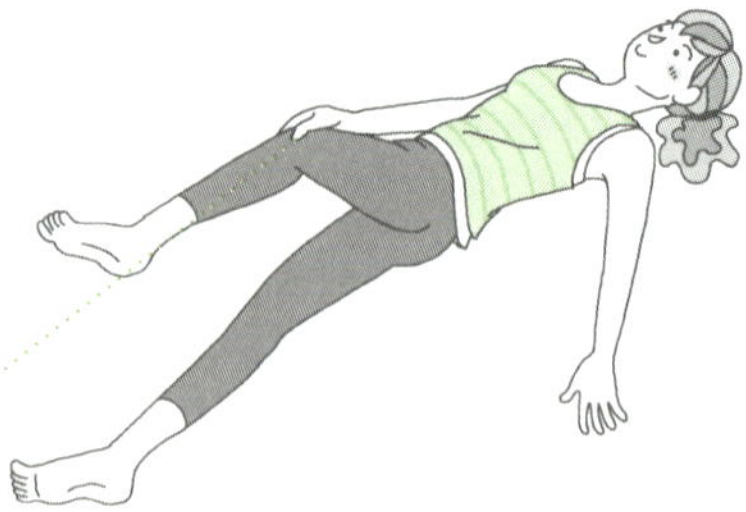
右手で左ひざの外側を
軽く固定する

②左腕を外旋するように外側にひねり、斜め上へ伸ばす。「脇と腕のつけ根が伸びた」と感じたら、その姿勢を20秒キープ。反対側も同じように行なう。

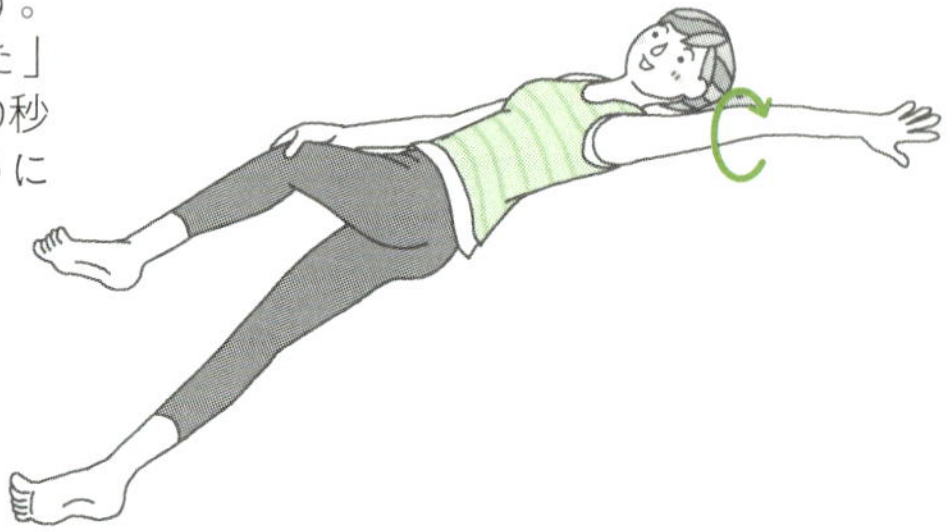

5 チューブドローイング

チューブを用いれば、刺激を与えにくい背中の筋肉を鍛えられます。

両脚を揃えて座ってひざを軽く曲げ、チューブを足にかけて肩を下げた姿勢で、胸を反らせながら、ひじを後ろに引く。この姿勢を2秒間保つ。その後、ゆっくりと戻す。

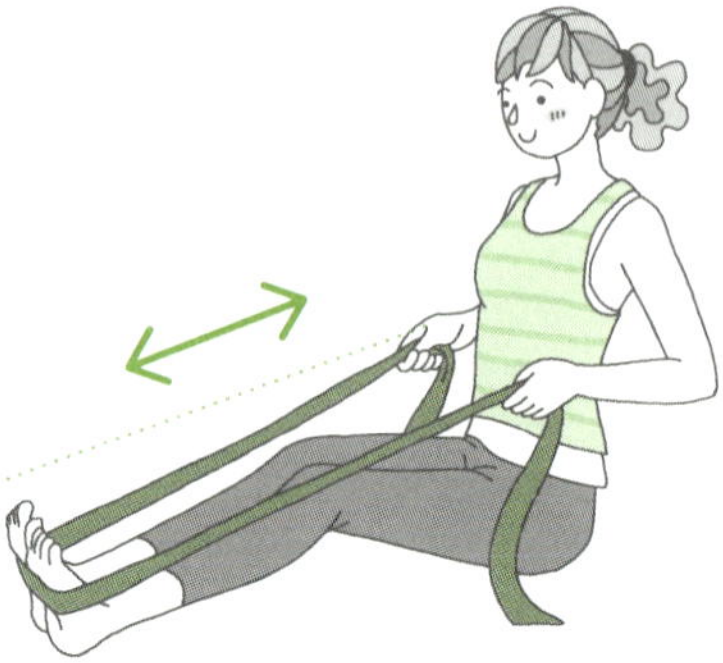
チューブを短めに持つ

反復を1セットとして、2〜3セット行なう。

第2章

栄養と食品の知識

No.39

「三大栄養素」は正しいバランスで摂取する。

三大栄養素には理想的な摂取量の比率（ＰＦＣバランス）がある

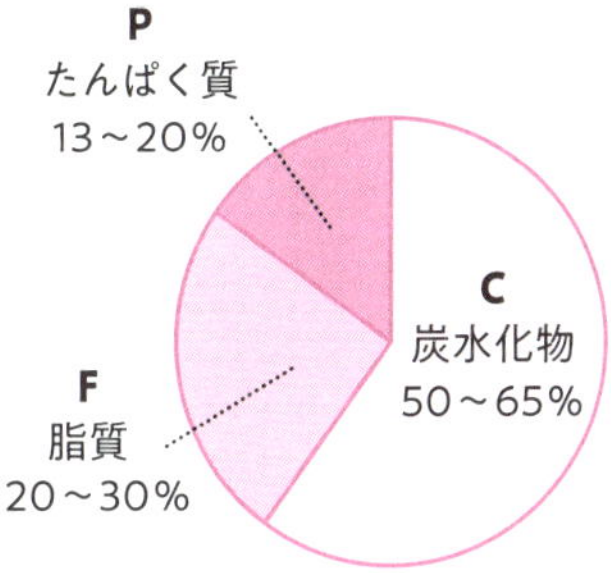
P
たんぱく質
13〜20%
C
炭水化物
50〜65%
F
脂質
20〜30%

この比率は活動量が多い人向けかも

栄養を考えるとき、土台となる「三大栄養素」を偏りなく十分に摂ることが重要です。三大栄養素については、厚生労働省が推奨する摂取バランス（「ＰＦＣバランス」）によると、「たんぱく質（Ｐ）13〜20％、脂質（Ｆ）20〜30％、炭水化物（Ｃ）50〜65％[※8]」。全体の半分以上、糖質を摂取することを推奨しています。ただし、この比率だと、活動量が多く、運動をしている人なら十分エネルギー消費ができますが、運動量が少ない人にとっては、ややエネルギーが過剰になりやすいといえます。夜は糖質摂取を控えるなどして、糖質の割合を少し減らしてバランスをとりましょう。

※8　日本人の食事摂取基準（２０１５年）

№40

高たんぱく、中糖質、低脂質な食事を心がける。

極端な糖質制限は失敗しやすい。栄養素には摂るべき量と働きがある

何ごとも
バランスが大切

「糖質制限」が流行したせいか、極端に糖質を減らしてしまい栄養不足に陥り、一度ヤセてもリバウンドしてしまう人が大勢います。そうならないためには、活動に見合った糖質を摂ることと、積極的なたんぱく質の摂取が大切です。脂質をなるべく減らしつつ、食事の際には良質なたんぱく質を必ず摂取するよう心がけると、よいバランスを保つことができます。

また、誤解をしている人が多いのですが、いくら糖質を制限している場合でも、脂質はある程度は摂るべきです。というのも、脂質が十分摂取できていないと、必然的に「低カロリー」になってしまうからです。糖質を摂りすぎさえしなければ、卵や魚、大豆の脂質まで気にしすぎることはありません。

№41

栄養の偏りが心配なら
納豆卵かけご飯
＋
具だくさん味噌汁
の朝ご飯。

あれこれ考えなくても、昔ながらの「地味ご飯」が、実は最強

手間をかけずに栄養をしっかり摂ろうと思ったら、朝食にご飯1杯と卵1個、納豆1パック（50g）で、栄養バランスが完璧にとれます。これに具材入りの味噌汁を足せば、さらに栄養を強化できます。「忙しくて、味噌汁なんてつくれない」という声も聞こえてきそうですが、基本は野菜などの具材と味噌を混ぜるだけ。「朝から野菜に火を通す時間なんてない」というときは、乾燥ワカメを加えるだけでもよいのです。「塩分が気になる」という人もいますが、味噌汁1杯で塩分は約1・2gですから、問題はありません。さらに、ご飯を玄米か麦飯にできればなおよし。粗食だし地味に見えるかもしれませんが、栄養的にはこのような昔ながらの朝食こそ最強なのです。

№42

ご飯を抜いて代わりにパンやお菓子を食べる「エセ糖質制限」に効果ナシ。

お米は単なる〝糖質〟ではない。食べることのメリットはたくさんある

お米には食物繊維や水分が含まれているから
便秘解消にも効果あるんだよ

若い世代を中心に「ご飯を抜く代わりに、パンやお菓子を食べる」と自己流に解釈する「エセ糖質制限」が広まっています。「お米は重いから太りそうなので避ける」というのが、その理由のようですが、これは大きな誤解。お米は繊維と水分を多く含んでいるから「重い」のであり、腹持ちもよく便秘解消にも貢献してくれます。液体に溶けているだけの糖質（ジュースなど）や、糖質そのもの（菓子パンなど）のほうが体脂肪になりやすいのは明らかです。これでは、いくらお米は食べなくても、「正しい糖質制限」で得られるはずのメリットは、何も期待できません。

No43

「歳を取ると太りやすくなる」のは事実。そんなときこそ運動を。

“何もしなければ太っていく状態”になったら体を動かして、糖代謝の低下を食い止める

加齢に伴い
体を動かす
習慣を！

人の代謝は、年齢とともに下がります。「糖質を取り込む力」（糖代謝）も同じこと。真っ先に落ちるのは「筋肉が糖質をとり込む能力」。そのため、加齢につれ血糖値が下がりにくくなったり、余った糖質で体脂肪がつくられやすくなったりします。そのような状態は、糖尿病を招きやすくなります。また、血糖値が高い状態が続くわけですから、血管がダメージを負うことにもなります。そこで「糖質を取り込む力」を上げる根本的な対策、つまり「運動」が大切になってきます。

　糖質制限は、「糖質の摂取量をとりあえず減らす」という「対症療法」にすぎません。「ヤセるため」でなく「糖代謝の低下を防ぐため」の運動なら、おおいにオススメします。

№44

お腹がすぐ空く人は「食後高血糖」の可能性あり。

郵 便 は が き

62円切手を
お貼り
ください

1 0 1-0 0 0 3

東京都千代田区一ツ橋2-4-3
光文恒産ビル2F

(株)飛鳥新社　出版部

『ダイエット事典』
読者カード係行

フリガナ ご氏名	性別　男・女 年齢　　　歳
フリガナ ご住所〒 TEL　　　(　　　　)	
ご職業 1.会社員　2.公務員　3.学生　4.自営業　5.教員　6.自由業 7.主婦　8.その他(　　　　　　　　)	
お買い上げのショップ名　　　　所在地	

★ご記入いただいた個人情報は、弊社出版物の資料目的以外で使用することはありません。

このたびは飛鳥新社の本をご購入いただきありがとうございます。今後の出版物の参考にさせていただきますので、以下の質問にお答えください。ご協力よろしくお願いいたします。

■この本を最初に何でお知りになりましたか

1.新聞広告（　　　　　　新聞）
2.webサイトやSNSを見て（サイト名　　　　　　　　　　　　）
3.新聞・雑誌の紹介記事を読んで（紙・誌名　　　　　　　　　）
4.TV・ラジオで　5.書店で実物を見て　6.知人にすすめられて
7.その他（　　　　　　　　　　　　　　　　　　　　　　　　）

■この本をお買い求めになった動機は何ですか

1.テーマに興味があったので　2.タイトルに惹かれて
3.装丁・帯に惹かれて　4.著者に惹かれて
5.広告・書評に惹かれて　6.その他（　　　　　　　　　　　　）

■本書へのご意見・ご感想をお聞かせください

■いまあなたが興味を持たれているテーマや人物をお教えください

※あなたのご意見・ご感想を新聞・雑誌広告や小社ホームページ上で
1.掲載してもよい　2.掲載しては困る　3.匿名ならよい

血糖値は数値だけでなく「上がり方」も重要。糖代謝の不調は、健康診断ではわからない

食べても食べても
お腹が空く……
という人は
ビタミン、
ミネラルを摂取

健康診断等で「空腹時の血糖値は正常」と診断されても、食後、急激に血糖値が上がる「血糖値スパイク」が起こっている人は珍しくありません（スパイクとは「急にはね上がる」という意味）。自覚しにくい症状ですが、血管などに負荷がかかり、「食後高血糖」とも呼ばれます。「お腹がすぐに空く」「甘いものを食べないとイライラする」という人は、あてはまる可能性が濃厚。「糖質を取り込む力」（糖代謝）が落ちているのかもしれません。対策としては、まず気づくこと。そして、血糖値を安定させるためにミネラル・ビタミンを摂る、野菜から食べる「ベジタブル・ファースト」（P１３９）にする、なるべくＧＩ値の低い糖質を摂るようにすることです。

№45

太らないための大原則——

糖質中心の食事のときは脂質を控えること。

糖質と脂質を〝同時にしっかり摂らない〟ように メインの栄養素を決めてから、メニューを決定

ご飯ものや
麺類を
食べるときは
脂を少なめに

このルールを覚えておくと、肥満を避けやすくなります。具体的には、ご飯ものや麺類など、糖質中心の食事のときは脂質を控えること。糖質を摂ると血糖値が上昇し、インスリンが分泌されますが、このとき体内で余ったエネルギーは体脂肪に合成されやすくなります。脂質はインスリンによってそのまま体脂肪へ合成されますが、糖質自体は変換効率が悪いため、わずかしか体脂肪へと合成されません。[※9]

　反対に、脂質中心の食事のときは、なるべく糖質を避けること。そのほうがインスリン分泌を抑えられるため、脂質の体脂肪への取り込みも抑えられます。このように高糖質＋高脂質になる食事を避けることが、太りにくい食事のコツなのです。

※9 The American Journal of Clinical Nutrition, Volume 48, Issue 2,1 August 1988

№46

「食べる順」より、「何をどれだけ食べるか」のほうが問題。

食べる順序は好みでよし。最大の問題は「たんぱく質不足」

何から
食べてもいいけど
たんぱく質摂取を
お忘れなく

古くは、ご飯と味噌汁とおかずを「順序よく食べること」を目指す「三角食べ」、近年では、野菜から食べる「ベジタブル・ファースト」など、食べる順に注目した食事法が、昔から数多く提唱され、流行り廃《すた》りを繰り返してきました。けれども本質的なことを言うと「食べる順」より、食事の内容に気を配ることのほうが、はるかに大事です。

現代の日本ではたんぱく質不足に陥っている人が圧倒的多数派。したがって「毎食、たんぱく質を十分に摂ること」を検討することが重要です。

No47

きれいにヤセるカギは「たんぱく質補給」。

たんぱく質は体の有益な構成材料になりやすく、体脂肪になりにくいなど、メリットばかり

ヤセたいなら
たんぱく質！
…と呪文のように
繰り返してみる

健やかにヤセたいなら、三大栄養素の中でもたんぱく質を必要量しっかり摂るようにしましょう。たんぱく質は、カロリーを持っている三大栄養素の中でも、圧倒的に体脂肪になりにくいという特徴があります。また、体の構成材料になる優先順位が高いので、体脂肪になる割合が低く、食事の際に消費するエネルギーである「食事誘発性熱産生」が、炭水化物や脂質の約3倍もあります。中でも動物性たんぱく質は、筋肉の構成源として最も体内に吸収されます。

このように、メリットばかりのたんぱく質ですが「積極的に食事から摂らないと多くの量を摂れない」という性質もあります。優先的に摂ってください。

№48

1食の
たんぱく質必要量は
手のひら
1枚分の肉か魚。
卵と大豆は
補助的に使用する。

現代日本人の多くは、たんぱく質不足。1食あたり手のひら1枚分の摂取を目指す

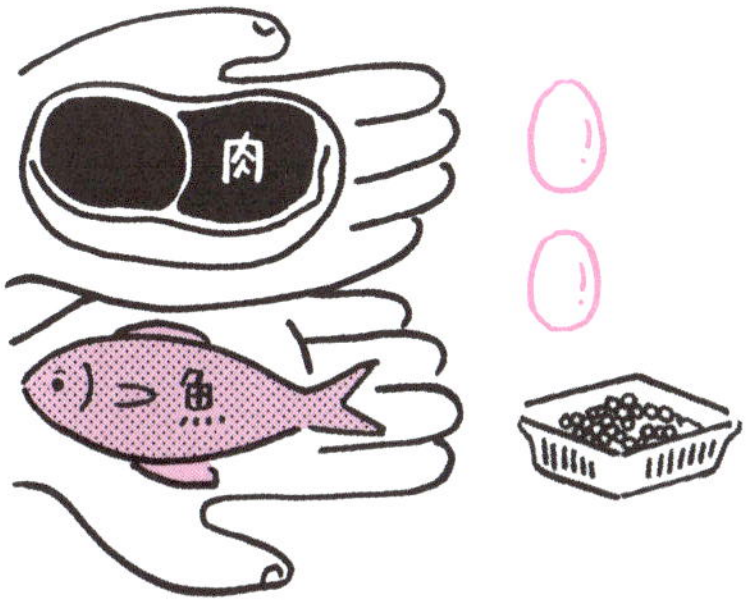

厚生労働省の「日本人の食事摂取基準」によれば、成人が1日に最低限必要なたんぱく質は、体重1kgあたり1g。体重50kgの女性なら、50gのたんぱく質が最低ラインとして必要です。そして、もし代謝アップを狙うなら、これ以上の1・2gくらいを目指したほうが効果的。

目安は、牛肉、豚肉、鶏肉、魚介類なら、1食あたり手のひら1枚分（約100g）の分量です。1日でいうと、肉と魚を手のひら2枚分、卵1～2個、納豆や豆腐などを2～3品摂ることを目標にしましょう。

№49

理想の献立は「見た目の50%」をたんぱく質に。
その内訳は動物性：植物性＝7：3。

食材は、たんぱく質の含有量で選ぶ

献立を考えるときには「肉、魚、卵」などの動物性たんぱく質と、「納豆、豆腐」などの植物性たんぱく質を上手に組み合わせ、1食の「見た目の50％」をたんぱく質食品にするのが理想的。たんぱく質の内訳は「動物性：植物性＝7：3」が目安です。

なお、「カロリー過多が心配」「体重が増えそう」だからといって、この比率を逆転させることはオススメしません。植物性は、たんぱく質含有率が低く、結果的に効率も悪くなってしまうからです。

■たんぱく質を豊富に含む、身近な食品リスト
（文部科学省 食品成分データベースなどをもとに作成）
以下、すべて100gあたりのたんぱく質含有量を指す。

【大豆製品】

油揚げ（18.6g）、納豆（16.5g）、がんもどき（15.3g）、厚揚げ（10.7g）、豆腐（6.6g）、豆乳（3.6g）

【卵類】

ピータン（13.7g）、ゆで卵（12.9g）、ウズラ卵生（12.6g）、生卵（12.3g）、ポーチドエッグ（12.3g）、ウズラ卵水煮缶（11.0g）

【肉】

生ハム（24.0g）、鶏ささみ（23.0g）、ローストビーフ（21.7g）、牛もも肉（21.2g）、豚ロース（19.3g）、鶏砂肝（18.3g）

【魚】

イワシ丸干し（32.8g）、いくら（32.6g）、焼きたらこ（28.3g）、するめ（69.2g）、かにかまぼこ（12.1g）

【乳製品】

脱脂粉乳（34.0g）、ヨーグルト（4.3g）※一般的なもの、ギリシャヨーグルト（10g）※あるメーカーの場合 、牛乳（3.3g）

出典：https://www.weider-jp.com/protein/columns/detail/?id=85&category=muscle

No50

何を食べるか迷ったら、動物性たんぱく質をメインに選ぶ。

動物性たんぱく質は、野菜より栄養価が高い

何を食べればよいかわからなくなったときは、「常に動物性たんぱく質を中心に選ぶ」というルールを掲げてみましょう。糖質を同時に大量摂取しない限り、動物性たんぱく質が肥満の原因になることはありません。牛や豚の脂質が心配なら、鶏肉、または良質な脂質を含む魚類を選ぶとよいでしょう。

また、「野菜を摂れば健康的」というわけではありません。野菜は「栄養バランス」（たんぱく質、脂質、炭水化物（糖質））のいずれにも該当しません。またほとんどが水と食物繊維なので、エネルギー源にもなりません。「代謝を上げる」という観点から見ると、野菜を優先するのは非効率的です。野菜より栄養価の高い動物性たんぱく質を十分に摂り、ビタミンやミネラルを豆類や海藻類、野菜で補いましょう。

№51

「ベジタブル・ファースト」より「プロテイン・ファースト」。

「野菜は多く摂るほどヘルシー」というのは幻想

何度でも
言うけど
たんぱく質を
積極的に！

　一時期、食物繊維が豊富な野菜を先に食べる食事法「ベジタブル・ファースト」が話題になりました。野菜から食べると、血糖値の急上昇や食べすぎ自体を防ぐことができるので、食べすぎが心配な人には、この食べ方もよいでしょう。しかし、代謝をよくすることが目的ならば、重要なのは「必要な栄養素をどれだけ摂取するか」なので、あまり量が食べられない人は、特にたんぱく質を優先する「プロテイン・ファースト」を意識するほうがいいかもしれません。
　たんぱく質を優先しても、野菜同様に血糖値の急上昇は防げますし、なにより野菜の摂りすぎでたんぱく質の摂取が不十分になるという事態を避けることができます。

No52

プロテインを飲むと「筋肉がつく」「太る」はウソ。

スイーツやジャンクを止めて、プロテインを摂る

プロテインについての誤解や偏見は、昔から根強いもの。「良質なたんぱく質のサプリメント」と言い換えたほうが正しく理解できるでしょう。一般的なホエイプロテインの主成分は牛乳で、ソイプロテインは豆乳です。プロテインは、これらから有効なたんぱく質を抽出したもので、いわば栄養が濃くなった牛乳や豆乳。それを飲んだだけで、まるで筋肉増強剤のような効果があると思うのは杞憂《きゆう》にすぎません。もちろんプロテインは「ヤセる飲み物」でも「置き換えダイエット飲料」でもありません。ただ「ジュースやお菓子、ジャンクフードをやめられない」という人の場合、それらを断ってプロテインに切り替えるだけでも、食生活を飛躍的に改善できます。

No53

「脂質」は女性・男性ホルモンの材料、悪者扱いしすぎない。

どんな栄養素も、不足するのはよくない

糖質も脂質も
大切な栄養素

「たんぱく質が大事」と説明すると、それを曲解して「たんぱく質ばかり摂ろうとする人」がいます。「超高たんぱく、低糖質、低脂質」に陥ってしまうというわけです。しかし、糖質も脂質も「少なければ、少ないほどよい」というわけではない、大事な栄養素です。中でも脂質は女性・男性ホルモンの材料ですし、コレステロールも重要な働きをしてくれています。

また、たんぱく質を摂るとき、鶏ささみや胸肉、植物性食品ばかりを選んでいると、脂質が不足しがちになります。動物性の食品を避けがちな人は注意しましょう。

№54

加工食品はパッケージ裏の「原材料」と「栄養成分」表示に注目すべし。

加工食品の真の姿は裏面に記載あり。商品名や宣伝文句は疑ってかかる

「○○無添加」「体脂肪が気になる方に」「低糖質」「コレステロールゼロ」「トランス脂肪酸ゼロ」「△△30個分のビタミンC配合」……パッケージに大書されている宣伝文句からは「健康そう」という印象を受けてしまいがちですが、その「ヘルシーな雰囲気」に流されず、加工食品を選ぶときは「裏面」を注視する習慣をつけましょう。というのも、「バランス栄養食」をうたうある加工食品の原材料を見たら、トップ3は「小麦粉」「食用油脂」「砂糖」だった、なんてことが実際にあるからです(原材料は多いものから順に表示される)。このように、原材料の表示を見ないと、何でできているのかわからない加工食品が増えています。まずはこうした状況に気付くことが大切です。

№55

「トランス脂肪酸フリー」に安心しない。本当に危険なのは「ジヒドロ型ビタミンK_1」。

危険なのはトランス脂肪酸よりも安価に食べられるバターもどきの硬化植物油

「〇〇不使用《フリー》」
=安全という
わけじゃないよ

「体内の炎症を増やし、摂りすぎると代謝が狂う」と悪名高い「トランス脂肪酸」。一部では発がん性や、内分泌かく乱作用も取り沙汰されています。そして今では、トランス脂肪酸自体よりも、その過程でできる「ジヒドロ型ビタミンK_1」のほうに危険性があることが有力視されています。[※10] 現在企業ではトランス脂肪酸の低減の努力をしていますが、結局のところ、これを減らすことに大きな意味はなく、植物油を硬化させたマーガリンやショートニングなどに含まれる「ジヒドロ型ビタミンK_1」の低減をする必要があるといえます。「トランス脂肪酸フリー」をうたう食品といえども、安心して食べられるようになったと思うのは早合点でしょう。

※10 Harumi Okuyama Wrat‐s wrong with trans fatty acids. J.Lipid Nutr Vol.16 2007

No56

注目のヘルシー系植物油にも、あえて摂るほどのメリットはない。

揚げ物や加工品の中心は植物油。積極的に摂るべき植物油なんてない

「脂質は大事、油は大事」といえども、積極的に摂るべき植物油はありません。亜麻仁油やエゴマ油は「オメガ3」を含むためヘルシーという見方もありますが、「オメガ6」も多く含まれており、今までのサラダ油などからの置き換えで摂ることはあっても、あえて大量摂取する必要はありません。体によいとされるココナッツオイルにせよ、きちんと糖質制限できていない状態で摂りすぎたら太るだけ。そもそも「植物油」自体、植物からわざわざ油を搾った加工品であり、嗜好品にすぎないのです。酸化した植物油で揚げられた揚げ物や加工品等は、普段から意識して避けたほうがいいでしょう。

No57

サラダ油、大豆油、コーン油など「オメガ6」の油は、細胞の炎症を促進する。

細胞の炎症は代謝の低下や動脈硬化を招く

適量摂るのにおすすめは「オメガ3」「オメガ9」の脂肪酸を含む油
避けたいのが「オメガ6」「トランス脂肪酸」を含む油

サラダ油や大豆油、コーン油など「オメガ6」を多く含む油は、細胞の炎症を促進し、悪玉といわれるLDLコレステロールを増やして善玉であるHDLコレステロールを減らします。細胞の炎症が進むと代謝も低下しやすくなり、そのような生活を長年続けていると動脈硬化などの致命的な大病を招きかねません。上手く遠ざけていくことが得策です。

なお、自宅には常備していなくても、これらの油はドレッシングや揚げ物、そしてお菓子などの加工食品に当然のように使われています。また、脂質は重さあたりのエネルギー比率が高いので、これらを排除したところで、普段の食事で入ってくる脂質の質を考えさえすれば、脂質は十分に摂取できます。

№58

パンとジュースは太る人の常備食。

菓子パンを止めるか「おにぎりとお茶」へのシフトがオススメ

ダイエット中は
パンよりおにぎりが
おすすめ

「パン」はいうまでもなく小麦でできていますが、そこにバターやマーガリンが練り込まれているだけでなく、それらをつけて食べたり、チーズやマヨネーズ、ソーセージやハムなどと組み合わせて食べたりすることになりがちです。なかでも「菓子パン」は砂糖がかかっていたり、油で揚げられていたりと、名前の通り〝お菓子〟です。これを食事や間食代わりにしていたら、ヤセるわけがありません。その上、ジュースや甘い清涼飲料水をいっしょに飲んでいたら、カロリーオーバーどころか、栄養不足も心配です。

菓子パンはやめて、せめておにぎりにする、甘い飲料はお茶にする。それだけで味覚も体も変わります。

No59

パスタ、ラーメン、うどんなど、「麺だけ食」だと、栄養不足が加速する。

豊富な具材やトッピングの食材から食べて、麺は後回しにする

麺を食べるときは早食いに気をつけてなるべくたくさんの具を食べよう

麺類の主な原料は小麦粉と水と塩、かんすいなど。つまり麺だけを食べていては「糖質の塊《かたまり》」を食べているにすぎません。健康的にヤセたいのなら、たんぱく質に富んだ具を足すべきです。

たとえば、ラーメンなら卵、肉、チャーシュー、ネギ、ホウレンソウ、ワカメなど。これらを加えることで、わずかではありますが、たんぱく質やビタミン、ミネラル、食物繊維を補えます。また、食べるときも、できれば麺以外の具から先に食べること。すると、麺を食べ始めるころにはお腹も満たされてきているので、早食いを避けられます。外食などで麺を食べたくなったら、料金が少しかさんでも、具やトッピングで「麺以外」を充実させることが重要です。

№60

最も危険なのは、液体の糖分。
なかでも「果糖ブドウ糖液糖」
は攻撃力が高い。

フルーツジュースや清涼飲料水はなるべく飲まない・買わない・冷蔵庫に置かない

糖分は、固体より液体の状態のほうが、体に吸収されるスピードが早くなります。たとえばリンゴ1個を食べるのと、リンゴジュースを飲むのでは、後者のほうが吸収スピードは格段に早くなります。また「血糖値が急上昇する」というリスクをかんがみれば、糖を大量に一度に摂取することほど有害なことはありません。したがって、フルーツジュースはオススメできないことになります。さらに言うとフルーツジュースよりも果糖が多いのが、「果糖ブドウ糖液糖」を主成分とした液体である、清涼飲料水です。清涼飲料水に含まれる人工甘味料も避けたいもののひとつですが、果糖ブドウ糖液糖はそれより恐ろしい存在として認識してください。

No61

フルーツ100%ジュースは果物を食べる代わりにはならない。

選ぶなら「食べにくいもの」を。フルーツジュースより果物そのものを楽しむ

果物に含まれる果糖は、血糖値を上げにくい特徴がある反面、体への吸収が早く、中性脂肪としても蓄積されやすいとされます。しかし、果物自体に含まれる果糖の量は知れていて、食物繊維の豊富な果物を食べること自体はあまり問題になりません。問題は、それを液体のジュースにして、吸収しやすい状態で多量摂取をしてしまうこと。リンゴを丸ごと食べるよりも、ジュースにしたほうがかさが減り、しかも噛まずに飲めてしまうため、うっかり果糖の摂りすぎになりやすいのです。

№62

果糖は血糖値をあまり上げない代わりに中性脂肪を増やす。

果糖は肝臓で代謝されるため、血糖値と無関係。その代わり中性脂肪になりやすい

ブドウ糖は
血糖値を上げやすい
果糖は
脂肪になりやすい

ブドウ糖と果糖は同じ糖類ですが、代謝させる経路が違います。ブドウ糖は、吸収された後、「血糖」として血液により全身に運ばれますが、その時上昇した血糖値に対してインスリンが分泌され、余った分が体脂肪として蓄えられます。

一方、果糖のほとんどは肝臓で代謝されるため、血糖値を上昇させません。しかし、果糖はブドウ糖より吸収が早いため、余った分をすぐに中性脂肪として合成してしまうのです。つまり果糖は「血糖値を上げない」というメリットと引き換えに、「中性脂肪として蓄えられやすい」というデメリットを備えているのです。

№63

グラノーラは、単なるデザート。朝からスイーツを食べてヤセるわけがない。

炭水化物過多、糖化などデメリットしかない

朝食には
やはり和食が
おすすめかな

ヘルシーなイメージが強い「グラノーラ」。これはズバリ、油やハチミツなどと混ぜてオーブンで焼かれている「揚げ物の衣」です。商品によってはドライフルーツが含まれているなど、炭水化物過多にもなりやすいものがあるので、さらに注意が必要です。高温の油で食材を熱し続けると一部分が酸化し「過酸化脂質」と呼ばれる有害物質へと変わってしまいます。過酸化脂質は、細胞膜を傷つけます。また「AGEs」（AGE／終末糖化産物）も心配。「AGEs」とはたんぱく質と余分な糖が結びつき（糖化反応）、たんぱく質が劣化してできる物質のこと。体に蓄積すると糖尿病の発症や肌の老化、動脈硬化などを促すことがわかっています。

No64

スーパーフード「アサイー」のメニューは、その抗酸化作用を打ち消すほど糖質過多。

アサイーの果実そのものは、ほとんど甘くない

健康食品の
宣伝文句は
よく考えて読もう

「ワインの30倍のポリフェノール」「アマゾン発のスーパーフード」など、さまざまな宣伝文句で人気のアサイー。ただ、このようなコピーには疑問も残ります。「○倍」とうたっていても、アサイーをフリーズドライして無水加工したものの含有量と、食品そのものの量を単純比較した値にすぎないケースも多いのです。さらに言うと「アサイーボウル」や飲料などの「甘酸っぱい味」は、アサイー本来の味ではありません。ベリー類やパイナップルなどの果汁、その他の糖質でつくり上げられた味です。平たく言うと「そんなに甘いわけがない」。もちろんアサイー自体は悪い食材ではないのですが、加工の仕方や売り方で、独自の健康効果が損なわれたり、歪められたりすることもあります。

№65

カロリーゼロの食品は、味覚と腸内環境を乱し、太りやすくする。

カロリーゼロでも人工甘味料が使われていたら健康効果は見込めない

カロリーゼロや低糖質の飲食料の多くには、「スクラロース」「アスパルテーム」「サッカリン」といった人工甘味料が使われています。これらは、砂糖などの通常の糖質と違って、実質エネルギーとして体内には吸収されず、血糖値を上げないため、ダイエット向きと考えられています。もちろん、短期的にはよいのですが、長期的には腸内環境が乱れ、代謝が正確に行なわれず肥満傾向になるという報告もあります。[※11] また、味覚が狂い、甘い物への欲求が抑えられない状態が続きやすいため、結果的にリバウンドのリスクなどもあることなどから、多用するのは注意が必要です。

※11 E Segal&E Elinav. Nature 514 p.181-186

No66

甘い乳酸菌飲料は、コーラと同じで体脂肪になるだけ。

腸内環境の改善を本気で目指すなら、サプリの活用が正解

乳酸菌は無糖の
ヨーグルトかサプリから
摂るのが効果的

「腸内環境の改善のために、乳酸菌飲料を飲んでいる」、という人がいます。けれども「なんとなく健康そう」というイメージだけで選ぶと、コーラと同じで中性脂肪が増えるだけです。なぜなら甘い乳酸菌飲料の主原料は果糖ブドウ糖液糖、もしくは砂糖などの糖質だから。乳酸菌は、確かに腸でよい働きをしてくれる善玉菌ですが、乳酸菌飲料で摂取しようとすると、どうしても糖質過多になりがちです。糖質を摂りすぎると、血糖値が上昇したり、中性脂肪が増えたりすることになります。つまり、甘い乳酸菌飲料は弊害のほうが大きいのです。乳酸菌を摂りたいのであれば、サプリメントとして直接摂取するほうが効果的です。

№67

グリーンスムージー＝ヘルシー と安易にくくらない。

体によさそうなイメージがあるが「野菜不足」はあまり気にしすぎなくていい

気にするなら
野菜不足より
たんぱく質不足

グリーンスムージーとは「生の葉野菜と生の果物をミキサーで混ぜ合わせてつくる飲み物」のこと。いかにも体によさそうですが、そこには「野菜を十分摂るべき」という、恐怖心にも近いバイアス（思い込み）があります。

しかし実際は「野菜不足」以上に、「たんぱく質不足」のほうが深刻な問題です。また、バナナやリンゴなどを加えるタイプの「グリーンスムージー」は糖質過多になりがち。もちろん、ミネラルやビタミンも豊富でしょうが、フルーツに含まれる糖質を処理するには、むしろ足りないくらいです。さらに「飲み込むだけでいい」という性質上、咀嚼の回数が減ってしまうことも注意が必要です。

№68

「酵素ドリンク」と
「酵素」は別モノ。
いくら飲んでも
ヤセることはない。

酵素は40℃以上で失活する

飲んでもヤセないいんだって

酵素ドリンク（果物や野菜を砂糖と一緒に発酵・熟成させた飲料。食物酵素を多く含むとされる）には、不思議な矛盾があります。食品衛生法では、飲料を市販する場合「80℃以上」で殺菌加熱することになっています。けれども酵素栄養学の仮説によると「酵素は40℃以上で失活し始め、60℃の時点で完全に失活する」とされています。つまり、せっかく酵素発酵して製造されたドリンクも、出荷前に酵素は失活していることになります。ある大手メーカーにこの件について尋ねたところ「（殺菌加熱で）ほとんどの酵素は失活する」という旨の回答をいただきました。したがって「酵素ドリンク」は「元・酵素ドリンク」。そこに含まれる過剰な糖分で太るリスクにも要注意です。

№69

「無添加」の表示を、必要以上にありがたがらない。

「無添加」＝体にいいわけではない。何が含まれているか確認する習慣を

無添加だからといって
安心というわけじゃない

「添加物」（食品添加物）といっても、何でもかんでも体に悪いというわけではありません。たいていの食品は厚生労働省が定めた基準を守り、製造されているからです。ただ化学調味料は、栄養価の低いものでもインパクトのある味付けにすることができるため、多く含まれるものには注意が必要です。

反対に「無添加」だから体によいとも限りません。何が「無添加」で、何が「添加」されているかを確認すべきです。たとえば「保存料無添加」と表示されているにもかかわらず「pH調整剤」が入っているのはよくあること。もちろん「pH調整剤」にも役割があり、一概に有害ということではありません。ただ「無添加」という言葉のトリックに気付いてほしいのです。

第3章 何を食べるか、どう食べるか

№70

食べすぎた翌日は、「食べる量を減らす」ではなく「よいものを積極的に食べる」。

食べすぎた日の翌日は、たんぱく質を中心に軌道修正を楽しむ

外食の機会が増えるときは、たんぱく質の食材を選び、揚げ物を避ける、飲み物で糖質を摂ることはやめるなどを心がけてください。食べすぎたら翌日に調整するつもりでいれば大丈夫。人との食事は第一に「楽しむこと」を優先させましょう。「食べすぎ」の内容がジャンクフードなどだった場合、翌日に「断食」「減食」するより、正しい食事をして、たんぱく質を中心にビタミンやミネラルなどの栄養を補いたいもの。ジャンクなものを消費するために、ビタミンやミネラルが使われるからです。次の日に正しい食事をしないと、栄養不足がさらに加速して、筋肉も落ちるし、また過食をしたくなったりするわけです。「たまに食べすぎること」がいけないわけではありません。

№71

食事の時間を揃える。

夕食の時間は遅くなるほど消化に悪影響。できるだけ前倒しするのが◎

食事は規則正しくするべきですが、特に時間を揃えるべきは夕食です。夕食の時間が遅れるほど、就寝までの時間が短くなり、消化に悪影響が出ます。寝ている間にも消化活動は行なわれるので内臓が疲れるだけでなく、うまく消化できないまま眠ることによって翌朝は食欲がなくなるなど、デメリットばかりです。仕事をしている人などはいつも同じ時間に食事をするのは難しいかもしれませんが「遅くとも夕食は21時までに、就寝は24時までに」が理想です。どうしても夕食の時間を早められないという場合は、量を減らしたり消化によいものを選んだりするなどして調整しましょう。

No72

忙しいときの食事は、たんぱく質をメニューの軸にする。

手っ取り早く食べるなら、朝食に納豆ごはん、昼食は定食、夜食はスーパーでお刺身を買う

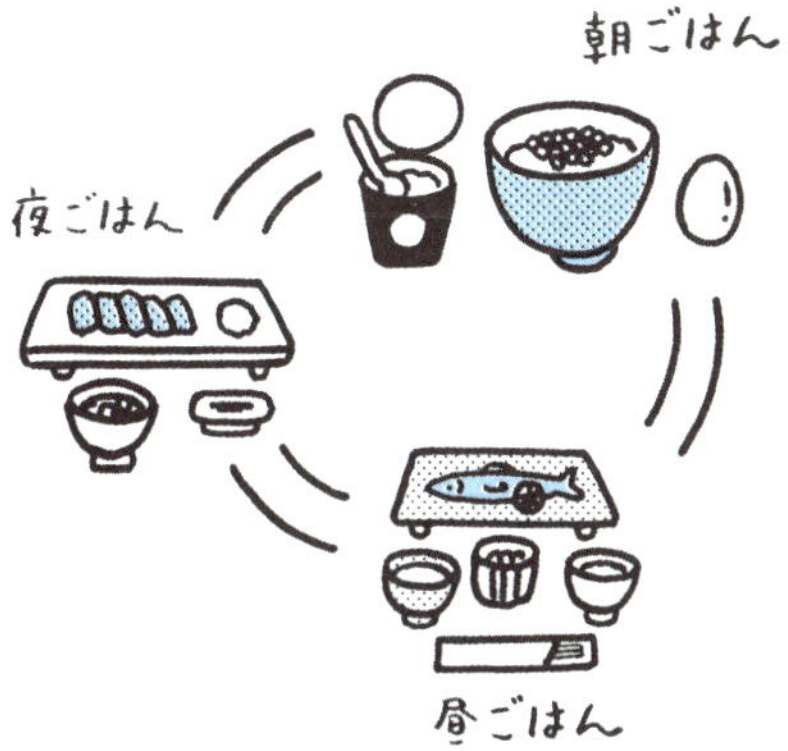

忙しくて食事の準備が思うようにできないライフスタイルの人でも、コンビニや外食の力を上手に借りて健やかにダイエットすることは可能です。たとえば、朝食は納豆とご飯（インスタントでもよい）、ヨーグルト（できればギリシャヨーグルト）にゆで卵（温玉）、昼食は定食（ご飯は軽め、メインのおかずは魚系がベスト）、夜食はスーパーで入手したお刺身（できれば青魚）を食べればよいのです。原則は「糖質でなく、たんぱく質主体のものを選ぶ」ということです。

№73

理想的な主食は、やっぱりお米。高栄養な玄米や雑穀米なら、なおよい。

主食の決め手は、カロリーに対するビタミンやミネラルの含有量

小麦が主体の麺やパンより、水分を一緒に含んだデンプンであるお米のほうがダイエットに向いています。さらに「N／Cレート」（総カロリーに対し、ミネラルやビタミンといった栄養素がどれだけ含まれているかを示した比率）の面から見ると、白米より玄米や雑穀米のほうが、より優れています。また玄米は白米より吸収が遅くGI値が低いので、血糖値の急上昇を抑えてくれる上に、食物繊維は白米の6倍も豊富。「玄米の味が苦手」という人は、水の量や炊き方を見直してみてください。玄米を5分づき、7分づきにしてもよいでしょう。また玄米と雑穀を混ぜて炊くと、栄養価が一段と高くなります。

No74

昔ながらの食材「マゴワヤサシイ」は、やっぱりヘルシー。

ダイエットの鍵を握るマグネシウムが豊富

不足しがちな栄養素のビタミン、ミネラル、たんぱく質、食物繊維が多く含まれた食材「マゴワヤサシイ」をメインに食べると、効率よく栄養を摂ることができます。

また、これらの栄養素のなかでも、特にミネラルには優れた役割があります。たとえばマグネシウムは、体内の糖代謝に大きく関わり、ダイエットには重要な栄養素です。これらのミネラルは、パンや白米、うどんなどにはほとんど含まれず「マゴワヤサシイ」に代表される食品に豊富に含まれます。

■ヘルシー食材「マゴワヤサシイ」とは

食品研究家で医学博士の吉村博之先生が提唱された、バランスよく栄養が摂れる食材の頭文字を並べたもの。これらの食材には、マグネシウムやビタミンB群、水溶性食物繊維などが多く含まれます。

- マ……マメ(豆類)→豆腐・大豆・納豆など。
- ゴ……ゴマ(種子類)→ごま、アーモンド、クルミなど。
- ワ……ワカメ(海藻類)→ワカメ、コンブ、海苔など。
- ヤ……ヤサイ(緑黄色野菜)→野菜、根菜など。
- サ……サカナ(魚介類)→特に青魚など。
- シ……シイタケ(きのこ類)→椎茸、しめじ、なめこなど。
- イ……イモ類→里イモ、ジャガイモ、サツマイモなど。

№75

食事中の水分摂りすぎは、噛む機会が減るだけでなく食べすぎを招く。

胃液が薄まり胃は拡張、噛む機会も減っていいことなし

食事は水で
流し込まず
よく噛んで

食事中の過剰な水分摂取はやめるべきです。気付かないうちに、水で流し込んで噛む機会を失っていることが多いからです。「1回水を飲めば、最低10回、噛む機会が失われる」と考えてみてください。「わずか10回」と思われるかもしれませんが、積もり積もればかなりの回数になります。

また、食事中に水分を摂りすぎると、胃液が薄くなることで、消化活動に悪影響が及びます。胃のキャパシティ（体積）が拡張し、さらに食べすぎてしまうことにもなりかねません。「食事中は水の入ったグラスをなるべく遠ざける」というルールを実践してみてください。

No76

動物性食品をしっかり食べれば、ほとんどの栄養が摂れる。

健やかにヤセるなら、肉・魚・卵など「高たんぱくなもの」を食べるダイエットがオススメ

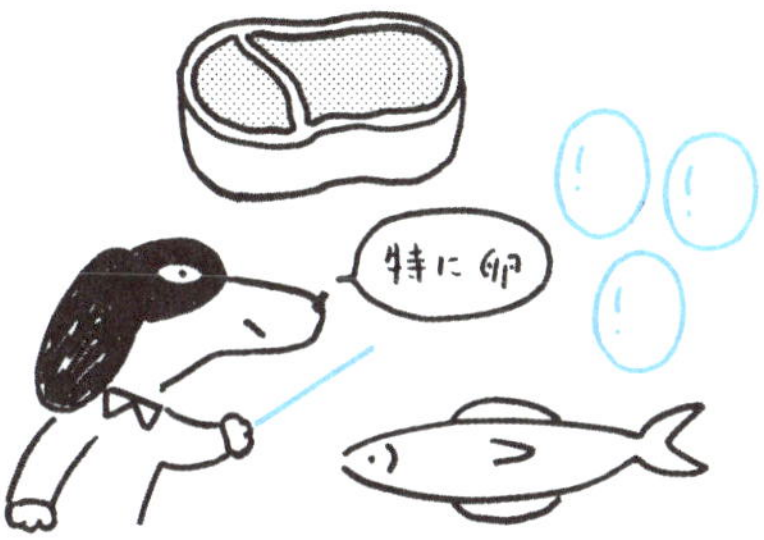

意外に思うかもしれませんが、動物性食品、つまり肉や魚、卵をしっかり食べていれば、ほとんどの栄養はまんべんなく摂れます。大量に食べても三大栄養素のバランスが取れない野菜とは対照的です。健やかにヤセたい場合は「食べないダイエット」ではなく、動物性食品（特に卵）を積極的に食べるようにしましょう。また過食しそうになったら、糖質ではなく、高たんぱくなものをチョイスしましょう。「穀物で糖質を摂り、動物性食品でたんぱく質と脂質を摂る」。これで栄養はほぼ摂れるはず。足りない分は野菜や海藻で〝補う〟。そんなシンプルな考え方でよいのです。

No.77

ミネラルは「海塩」から摂るのがオススメ。

塩には、単なる「味付け」以上の役目がある

塩には3種類あります。「天然塩」（海塩、天日塩、岩塩等）、「再生塩」（輸入した天然塩を洗った後、にがりなどを添加した塩）、「精製塩」（精製されミネラル分が除かれたもの。99％が塩化ナトリウム）です。当然、摂るべきは「天然塩」で避けるべきは「精製塩」。なぜならミネラル（カリウム、カルシウム、マグネシウム等）は塩から摂るのが最も効率がよいからです。オススメは「ぬちまーす」「宗谷の塩」などの天然塩。なかでも「ぬちまーす」はミネラルの含有量世界一としてギネスブックの認定を受けているほど。その秘訣は、製塩法にあるとされています。マグネシウムだけ見ても100g中2・6gも含まれています（精製塩の多くは0g）。

■ミネラル含有量世界一の塩「ぬちまーす」の栄養表示

栄養表示（製品100g当り）			
熱量	32 kcal	鉄	0.96 mg
たんぱく質	0	銅	13 μg
脂質	0	マンガン	13 μg
炭水化物	8.1 g	ホウ素	74 ppm
ナトリウム	27.9 g	フッ素	12 ppm
塩素	49.0 g	総クロム	0.8 ppm
カルシウム	1.15 g	ニッケル	0.28 ppm
マグネシウム	2.60 g	コバルト	0.05 ppm
カリウム	8.32 mg	リン	検出せず
亜鉛	3.17 mg	セレン	検出せず

塩分　70.9％
試験依頼先:財団法人日本食品分析センター
試験成績書発行年月日:平成10年12月1日
試験成績書発行番号:第198110770号

№78

脂身の多い肉を食べるときは
いっしょに摂る
糖質を減らす。

太りそうな脂質も、糖質といっしょに摂らなければ肥満のリスクは低下

ステーキは
「ライスなし」がおすすめ

2章でも述べましたが、太らないためには「糖質と脂質を〝同時にしっかり〟摂らないこと」が大切。これは言い換えれば、糖質か脂質の片方だけをしっかり摂る分には、肥満のリスクは低いということです（ただし食べすぎは厳禁）。糖質制限をしているときは、インスリンがさほど分泌されません。ですから、その状態で肉などをしっかり摂っても、脂質は体脂肪としてあまり取り込まれないのです。ちなみに、脂質が少ない部位の肉とは、豚のヒレ肉、鶏のささみ肉、鶏の胸肉、鶏のもも肉（皮のぞく）、牛のヒレ肉等。脂質が多い部位とは豚のロース肉やバラ肉、牛のカルビ等です。

No79

「オメガ3」の油とたんぱく質に富む
青魚は、週に2回以上は食べる。

体脂肪になりにくく、ミネラル豊富な油「オメガ3」は青魚や白身魚に豊富

魚は、良質な動物性たんぱく質の宝庫。体内合成だけでは必要量に満たない必須脂肪酸「オメガ3」のDHAやEPAなど、良質な油が含まれています。

これらは体脂肪になりにくい油です。そのうえミネラルも豊富で、植物性食品では摂取が難しいビタミンB群も摂取可能。できれば週に2回以上は食べましょう。特にオススメしたいのは、オメガ3が特に豊富な青魚（サバ、イワシ、サンマ、マグロ、カツオ）などです。もちろん、タラやタイなどの白身魚もオススメです。

№80

鉄分を摂るなら、植物性よりも動物性。

ヒジキやホウレン草もいいけど、赤身肉やレバーのほうが効率よく摂れてオススメ

レバーは栄養豊富な優良食材

鉄は動物性の二価鉄と植物性の三価鉄があり、三価鉄の状態では体内で吸収ができず、二価鉄に還元されてから吸収されます。鉄はただでさえ吸収がよくない栄養素ですが、三価鉄の吸収率は二価鉄のさらに3分の1以下。ヒジキやホウレン草、大豆の摂取だけでは不足しやすく、二価鉄が豊富な赤身肉やレバーが効率的なのです。

なお、三価鉄を摂る場合は、ビタミンCを同時に摂ることで二価鉄に還元されやすくなるため、必ずビタミンCをいっしょに摂りましょう。

No81

腸内環境改善には
水溶性食物繊維と
オリゴ糖、発酵食品。

注目すべきは「善玉菌」と「短鎖脂肪酸」

腸内環境は人によって違うから
合う食材も違ってくるよ

便秘解消が期待できる食材はさまざまあり、どれがヒットするかは人それぞれ。なぜなら腸内環境は人によって異なるからです。一般的には、まず水溶性食物繊維（主に野菜）と発酵食品の摂取をオススメします。便秘解消のためには「善玉菌を増やすこと」、そして大腸のエネルギーでもある「短鎖脂肪酸を増やすこと」がカギになります。「短鎖脂肪酸」は食べるというより、腸内細菌につくらせることが重要で、そのエサとなるのが水溶性食物繊維や、発酵食品に含まれるさまざまな発酵菌やオリゴ糖。これらが腸内細菌の活性に刺激を与えます。水溶性食物繊維は海藻類や根菜類、発酵食品は納豆やヨーグルト、ぬか漬けなどがよいでしょう。

№82

卵、レバー、発酵食品、サバ、アーモンド、アボカドは コスパ抜群の スーパーフード。

身近で安価な「スーパーフード」は定番素材の中にある

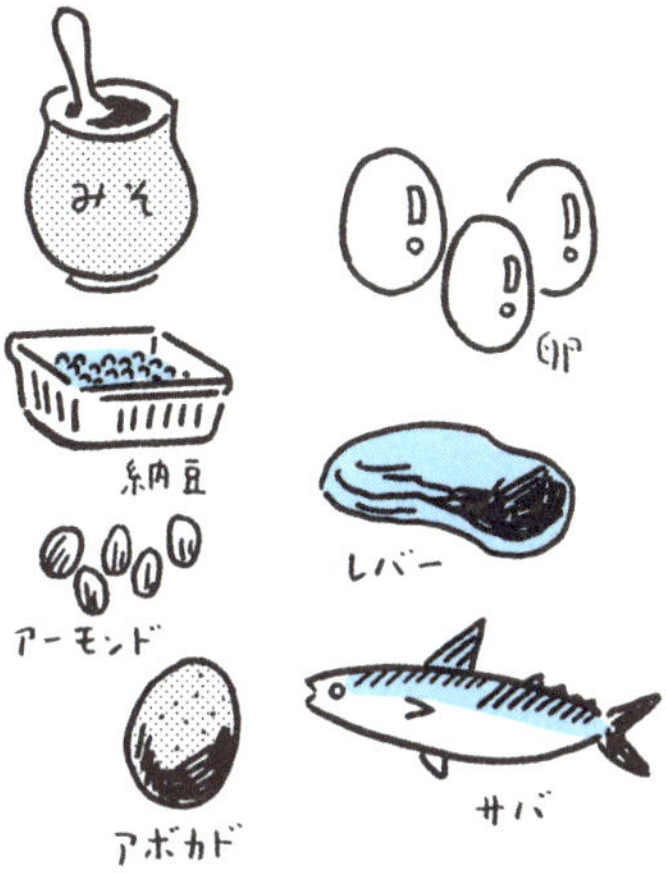

「スーパーフード」とは、アメリカ・カナダ生まれの概念で、栄養成分を突出して多く含む食品を言います。しかし「スーパーフードからでないと摂れない栄養素」は、さして存在しません。それよりも、身近で安価な日本の「超スーパーフード」に注目してみましょう。たとえば昔から「完全食」として名高い卵。「コレステロールの塊」と〝悪者〟にされた時期もありますが、2015年に厚生労働省から「食物からのコレステロール摂取が心筋梗塞や脳卒中の原因との関連性はなく、摂取目標を算定するには十分な科学的根拠がない」と再評価されています。ほかには、ビタミンやミネラルが豊富なレバー、発酵食品の味噌や納豆、「オメガ3」の油に富んだサバ、アーモンド、アボカドなどがオススメです。

No83

野菜を食べるなら、淡色野菜より緑黄色野菜を優先。

代謝に欠かせないビタミンやミネラルは緑黄色野菜から摂る

野菜の中でも栄養価が高いのは、淡色野菜ではなく、緑黄色野菜です。厚生労働省は、緑黄色野菜を「原則として可食部１００ｇあたりカロチン含有量が６００μg以上の野菜」と定義しています。（トマト・ピーマンなどは、基準未満であるものの、食べる回数や量が多いため、緑黄色野菜に分類される）。「脂肪を燃やす食べ方」という観点から見ると、代謝に欠かせないビタミンやミネラルを摂るためにも緑黄色野菜を食べたいところです。ただし、緑黄色野菜ばかりを食べていてもヤセることはありません。脂肪燃焼のためには、動物性たんぱく質を最優先に食べる必要があります。緑黄色野菜といえども、あくまでサポート役であることをお忘れなく。

No84

ドレッシングの代わりに、野菜サラダにはオリーブオイルと海塩をかける。

野菜サラダはオリーブオイル＋塩で。亜麻仁油、エゴマ油、シソ油などオメガ3の油も◎

安価なドレッシングの多くは「オメガ6」主体の油でつくられ、「ノンオイル」でヘルシーさをアピールしつつも「果糖ブドウ糖液糖」が使われているものがほとんどです。これらの代わりに「オリーブオイルと海塩をかける」というスタイルを推奨します。

オリーブオイル以外では、「オメガ3」の油である亜麻仁油、エゴマ油、シソ油もオススメです。「オメガ3」の油は繊細で酸化しやすいので、購入する際は「色付きの遮光性ボトルであること」を確認してください。そして、必ず非加熱で使用し、冷蔵保存を徹底すること。塩は「精製塩」ではなくミネラル豊富な「天然塩」（海塩、天日塩、岩塩等）を選びましょう。

No85

高コストの肉や魚だけでなく、安価な卵や大豆製品も活用すべし。

プロテインバーより、卵、豆腐、納豆、味噌

安価なたんぱく源は
常備しておこう

肉や魚などの動物性たんぱく質をメインとした食事は、どうしてもコストがかさみがちになります。たんぱく質を毎日しっかり摂るためにも、卵や大豆製品も上手に活用しましょう。たとえば卵は昔から「完全食」として重宝されてきました。ビタミンC以外の栄養素が多種類、豊富に含まれています。大豆製品は豆腐や納豆、味噌などですが、いずれも安価でどこでも手に入ります。

なお、市販の「プロテインバー」は「高たんぱく」とうたっていても糖質も脂質もしっかり入っていて、市販のお菓子となんら変わりがないことも。オススメはできません。

№86

ギリシャヨーグルトなら、通常の約3倍のたんぱく質が摂れる。

低糖質、低カロリー、高たんぱく質の3拍子揃った“ヨーグルトの王様”

どうしても甘味が欲しいなら果物にかけて食べるのがおすすめ

ギリシャヨーグルトとは、通常のヨーグルトを布でこして水分を抜き（水切り）、濃厚にしたもの。凝縮されているので、通常のものよりたんぱく質が約3倍も含まれています。また水切りのときに水分と一緒に糖質が抜けるうえに、もとがヨーグルトだからカロリーも低め。つまり低糖質、低脂質、高たんぱく質という優等生食材なのです。空腹を賢く満たしてくれる、力強い味方でもあります。今では多くのコンビニで入手できるので、たとえばランチの帰り道に買い足しておくなどして、常にストックしておきたいものです。

№87

亜鉛が不足すると味覚が狂い、食欲が暴走しがちに。

亜鉛を多く含むのは、牡蠣、うなぎ、大豆製品

亜鉛不足が原因で、味覚が弱ることがあります。そうなると化学調味料、塩分糖分が過多な加工食品を求めて食べすぎてしまうことになりかねません。そもそも亜鉛は、不足しやすいミネラルなので、きちんと食品から摂りましょう。亜鉛の1日の摂取推奨量は男性で12㎎、女性で9㎎、子どもで7㎎。妊婦さんはプラス2㎎、授乳中の女性にはプラス3㎎の付加量があります。亜鉛は魚介類、肉類、海藻、野菜、豆類、種実類に多く含まれますが、特に牡蠣（100g中13・2㎎）、うなぎの蒲焼（1串100g中2・7㎎）は優等生食材。煮干しやスルメ、牛肉、卵黄、大豆製品（油揚げ、納豆、きなこ）、松の実などもオススメです。

№88

野菜をお手軽に食べるなら、栄養価が凝縮された若葉「ベビーリーフ」がオススメ。

洗うだけ、調理はナシで食べられる

ベビーリーフとは、発芽後約1か月で収穫した野菜や、ハーブの若い葉のこと。北イタリアでレタスやルッコラ、スカロール、エンダイブ、マーシュ、トレビス、ダンディライオンの種を混ぜて蒔いたことが発祥とされています。成長しきった野菜より、ベビーリーフのように小さい野菜のほうが、栄養が凝縮されていて栄養価も高くなります。たとえば、サニーレタスに含まれるビタミンCの含有量は100gあたり約17mgですが、ベビーリーフは100gあたり36mg。つまり約2倍というわけです。洗うだけでそのまま食べられるので、手間もかからずオススメです。

№89

アボカドは、1日1／2個までなら毎日食べてもOK。

美肌効果、血流や便通の改善効果などに大活躍

アボカドは美容と健康の強い味方

アボカドのカロリーは180kcal（100g）。ご飯1杯とほぼ同じです。しかも「森のバター」と称されるほど脂質も豊富で、20％以上が脂肪分とされています。またアボカドに含まれる栄養素の数は50以上あり、「栄養を最も含んでいる果実」としてギネスからも認定されています。アボカドの栄養素を利用しない手はありません。さらに、アボカドは美肌づくりにも貢献してくれます。果物ですが糖質が少なくビタミンEが多い優秀食材で、血流の改善効果も期待できます。抗酸化作用の高いビタミンBが多く含まれるため、肌を若々しく保ってくれるうえに食物繊維も豊富なので便通改善にもうってつけです。

№90

「オメガ9」の油、オリーブオイルやアボカドは、便秘解消にも効く。

さまざまな健康効果を期待できる油もある

オメガ9の
脂肪酸を
含む油は
悪玉
コレステロールを
減らしてくれる

食物繊維だけで便秘解消を目指すのは難しいもの。「脂質」の力も上手く借りましょう。低脂質を意識しすぎて便秘になっている方も少なくありません。一般的な油としては、「オメガ9」の油の代表格・オリーブ油がオススメ。また、脂質豊富なアボカドが功を奏することもあります。アボカドは、全体の約2割になる脂質のなかでも「オメガ9」が約8割を占めています。オメガ9は、善玉コレステロールを減らすことなく悪玉コレステロールを減少させ、動脈硬化や心臓病を遠ざけると言われます。また、小腸で消化吸収されにくいため、腸を刺激して便秘を解消させるという指摘もあります。

№91

外食先を選ぶなら、
和食、海鮮、焼鳥、
焼肉、オイスターバー。

魔の食べ合わせ「高糖質×高脂質」を避ければ外食が続いても心配ない

外食も、店を選べばヘルシーです。和食の場合、てんぷら抜きで低脂質なものを頼んでみましょう。なかでも懐石料理は最高です。糖質依存の人は、出汁や香り、本物の味の繊細さを味わってみてください。海鮮は青魚、焼鳥はレバーやハツを塩味で楽しむのがオススメ。焼肉は赤身中心に食べましょう。「高糖質×高脂質」の食べ合わせを避けるため、白米、ビビンパ、冷麺などの糖質食は避けること。またオイスターバーもオススメです。牡蠣は高たんぱく、低脂肪でビタミンB_1、B_2、Aや亜鉛（3～4個で1日の必要量が摂れる）、鉄、カルシウムなどを豊富に含む優等生食材のひとつです。

№92

揚げ物系料理は
ご飯少なめで
付け合わせ野菜
を多く食べる。

「悪い脂質」の害についても知っておく

火を通す料理の中でも「ソテー」（炒める）、「フライ」（揚げる）などの料理では、油の量は増えがちです。中でも、分厚い衣の揚げ物は要注意。どんなによい素材でも、粗悪な油、酸化した油で揚げれば、体への悪影響は避けられません。腸内環境は悪化し、体内で炎症が増えるばかり。「悪い脂質」の摂りすぎを避けるために、できれば揚げ物系は避けましょう。

揚げ物系の食事を摂らざるをえない場合、できるだけご飯を少なめにして、付け合わせの野菜を多く摂るようにしましょう。ご飯を少なめにすることで「高糖質×高脂質」という最も太りやすい組み合わせのダメージを、多少なりとも弱めることができます。また付け合わせの野菜を多く摂ることで、ビタミンやミネラルを摂取することができます。

№ 93

焼鳥屋では、ビタミンAと鉄分豊富なレバーとハツを頼む。

焼鳥は、甘辛のタレより薄い塩味がベスト

焼鳥は「部位」と「味付け」次第で、摂取できる栄養価が倍増します。オススメは内臓の「レバー」(肝臓)と「ハツ」(心臓)です。たとえばレバーの場合、たんぱく質はもちろん、鉄は100gあたり9mg、ビタミンAはなんと1万4000μgと豊富です(18~49歳女性の1日の推奨量は、「日本人の食事摂取基準2015年版」によるとビタミンAは650~700μg、鉄は10・5mg)。また味付けにもこだわりたいもの。甘辛いタレは、砂糖やみりん等の糖質メインでできているので、肉が低糖質でもそのよさがプラマイゼロに。できればミネラルが摂れる塩(薄味)を選びましょう。

No.94

お寿司屋さんに行ったらシャリは控えめにして、赤身、青魚、貝類などを選ぶ。

「低糖質&高たんぱくな食」にカスタマイズする

お寿司は
食べる量や
食材を
コントロール
しやすいよ

寿司屋は回転寿司とそうでない寿司屋に大別できますが、種類別に食べ方を考えるようにしましょう。まず、回転寿司のお店の場合。可能なら「シャリコマ（酢飯少なめ）」で頼むか、食べる量（皿の数）を調節できればベターです。カツオやマグロなどの赤身、そして青魚、貝類などを選べば、健康的な食事になります。

一方、カウンターの寿司屋の場合。こちらは握り寿司の前に刺身や焼き魚などが出てくることが多いもの。それらでお腹を満たした後、少なめのシャリで5貫ほどに留められれば最高です。

No95

そばを食べるときは、
卵、納豆などの
高たんぱくな具を追加。
十割そばなら、理想的。

うっかり天ぷら類を追加するのはNG

ダイエット中は
とろろそばや
山菜そばが
おすすめ

「そばは太らない」と宣伝するそば屋さんを見たことがあります。確かにそばは低ＧＩですし、うどんなどに比べてたんぱく質も意外と豊富。けれども「太らない」は言いすぎなので注意してください。手軽にできる策としては、ミネラルやビタミンがより多い十割そば（つなぎに小麦粉を使わず、そば粉だけでつくられたそば）を選ぶこと。そして卵や納豆などの高たんぱくな具を追加すること。ただし、天ぷら類をチョイスすると台無しです。衣は小麦粉ですし、チェーン店の場合、使い古され酸化した油で揚げているというリスクも高まります。太りやすくなるだけでなく、悪玉コレステロールを増やし善玉コレステロールを減らしやすくなってしまいます。

№96

酒席ではウイスキーや焼酎などの蒸留酒、つまみは刺身や貝類などのシーフード。

糖質ゼロの蒸留酒でも、お酒のカロリーには要注意

お酒には日本酒やワイン、ビールなど糖質を含んだ「醸造酒」と焼酎やブランデー、ウォッカなど糖質ゼロの「蒸留酒」の2種類があります。ダイエット時に控えるべきはもちろん前者ですが、焼酎について少し補足すると、芋や麦、黒糖等が原料でも糖質はほぼゼロなので血糖値は上がりません。けれどもアルコール自体はゼロカロリーではないので、飲みすぎは厳禁です。なお、安価な「糖質オフ」のお酒の場合、血糖値こそ上がりませんが、さまざまな甘味料や添加物が配合されているので要注意。飲むなら良質のお酒を推奨します。つまみについて言うと、オススメはシーフード。たんぱく質に加えビタミンやミネラルも豊富で、アルコールの分解を助けてくれます。

■控えたいお酒／オススメのお酒・おつまみ
※アルコールは1g=7kcal

控えたいお酒（血糖値が上昇して、太りやすくなる）

・糖質が含まれる醸造酒（ビール、ワイン、日本酒）
・果実酒　・サワー　・チューハイ　・カクテル
・甘いリキュール類

飲んでもよいお酒

・糖質ゼロの蒸留酒（焼酎、ブランデー、ウォッカなど）

オススメのおつまみ

【シーフード】
・魚の刺身　・貝類　・カルパッチョ
・海草類のお通し（サラダ、酢の物など）

【シーフード以外なら】
・納豆　・豆腐（冷奴、サラダ等）　・キムチ
・焼鳥（レバー、ハツの塩味がベスト）
・ミックスナッツ（アーモンドとクルミがベスト）
・枝豆　・きのこ類のお通し

№97

パスタは「カルボナーラ」より「和風」。
ラーメンなら「豚骨」より「しょうゆ」。

麺類を食べる際は、脂質を控えるのが鉄則

「糖質過多とわかっているけれど、麺を食べるしかない」。そんなときは、肥満を少しでも遠ざけるメニューを選びましょう。パスタなら「カルボナーラ」より、和風の「キノコ系」や「シーフード系」。ラーメンなら、「豚骨」より「しょうゆ」。つまり脂質が少ないほうを選べばよいのです。糖質は単体で摂るより、脂質と一緒に食べることで贅肉を生成します。糖質を控えられないなら、脂質の量を調整すればよいのです。皮肉な話ですが「糖質は制限できているから」といって脂質を摂りすぎるケースについてよく見聞きします。いくら「脂質も大切だから」といっても、脂肪が多い部位の肉の摂りすぎには注意が必要です。

No 98

間違った自炊は、肥満のもと。

高たんぱくであれば、コンビニ食でも問題ナシ

「外食より、コンビニ食より、自炊が一番」、そんな思いから、頑張って台所に立ち続けている人も多いことでしょう。けれども、「何をつくるか」「何でつくるか」という部分を間違えると、逆に太りやすくなるケースもあります。食事を改善して健やかな体を手に入れたいのなら、カレーやチャーハン、麺類、丼ものなど「外食みたいなお家ゴハン」では、結局家計は浮いてもダイエットの効果は期待できません。「頑張って自分でつくること」を重視する必要はありません。外食やコンビニ食などを賢く利用することもひとつの方法。「温玉」「ささみスモーク」「サバ缶」など優秀コンビニ食を覚えておきましょう。

№99

コンビニのオススメフードベスト8は

温玉、ささみスモーク、サバ缶、ツナ缶、スルメ、さきいか、ナッツ、枝豆。

低カロリーのイメージだけで、食品を選ばない

コンビニにも、高たんぱく質で低糖質なものは多いもの。「温玉」（ゆで卵）、「ささみスモーク」（サラダチキン）、「サバ缶」「ツナ缶」はストックしておいてもよいくらいです。

たとえば、あるノンオイルのツナ缶は、1個あたりたんぱく質16g、脂質0・7g、炭水化物0・2gと、かなりの優秀食材。ほかには「スルメ」や「さきいか」、塩分やバターが添加されていない「ナッツ類」「枝豆」も、オススメです。

一方、女性が選びがちな「サラダ」系の惣菜ですが、「緑の野菜」をとっても、食べすぎの免罪符にはなりません。低カロリーな「春雨ヌードル」についても同様です。ヘルシーなイメージが強いのですが、実際は低栄養で代謝も上がりません。優先して摂るべきは、たんぱく質です。

№100

ナッツのオススメはアーモンドとクルミ。

それ以外は高脂質＋高糖質になりがち。

肥満を招くナッツは避ける

食塩とオイル不使用のものを

「ナッツ」という総称は便利ですが、栄養成分は種類ごとに異なります。アーモンドとクルミ以外は推奨できません。なぜなら、たいていのナッツは高脂質で高糖質だから。特にカシューナッツは要注意。自然界に珍しい「糖質と脂質が両方とも高割合で入った食材」です。そこに塩がかかっていたら、おいしくてやめられなくなってしまいます。

なお、アーモンドにはビタミンEやマグネシウム、クルミにはオメガ3など、豊富な栄養が含まれています。

№101

缶コーヒーは無糖の一択、豆乳は無調整がオススメ。

「ブラック＋少量の無調整豆乳」が理想的

甘いコーヒー飲料（「微糖」含む）は、想像以上に多くの砂糖や甘味料が使われています。摂り続けると肥満の原因となるので要注意。缶コーヒーを飲むなら「無糖」（ブラック）を選びましょう。また言い添えておくと「コーヒーフレッシュ」（小型のクリーム）の原材料は植物性油脂と乳化剤。こちらも避けるのが賢明です。「代わりに豆乳を入れる」という人もいますが、コーヒーショップの「ソイラテ」には、調製豆乳が使われていることがほとんどなので気をつけてください。「調製豆乳」は糖質量が増えた分、たんぱく質量も下がってしまいます。「無調整豆乳を少量入れる」というスタイルであれば理想的です。

№102

エナジードリンクは厳禁。

カフェインならブラックコーヒー、刺激が欲しけりゃ炭酸水、甘みはフルーツで摂る

ある一般的なエナジードリンクの成分表示を見ると、250㎖換算で31・5gもの砂糖が含まれていました。20g以上の糖質摂取ですから、血糖値が急激に上がることになります。つまりエナジードリンクを飲む行為は「糖質＋炭酸＋カフェイン」の高揚感を味わっているだけ。他にビタミンやアルギニン、ナイアシンなど体によい成分が含まれていたとしても、糖質による悪影響のほうが大きく、太りやすくなります。カフェインの効果を求めるならブラックコーヒーを、糖質を摂ってホッとしたいなら、20g以内でフルーツやブラックチョコレート、炭酸の刺激が欲しければ炭酸のミネラルウォーターなど、エナジードリンク以外をチョイスすべきです。

No.103

お菓子を食べたくなったら、普段より3倍高価なお菓子を少量食べる。

「作り手の心も3倍入っている」と考えてみる

「よいものを選んで食べる」
お菓子に限らない食事の基本

お菓子を食べるなら「よくないもの」を多く食べてお腹を満たすより、「よいもの」を大事に味わって「質」で心を満たすことを心がけましょう。安価なものになればなるほど、糖質が主体であったり悪い油を使っていたりすることが多く、食べるほどに太りやすい体をつくる原因となります。お菓子に限ったことではありませんが、「値段」は、食べ物の「質」を計るわかりやすい指標のひとつです。「3倍高価なお菓子」と思えば、よい意味での緊張感も充足感も高まり、ドカ食いも遠ざけられます。それでも甘いものをやめられなければ、さらに食事量を増やしてみましょう。たとえ食事の量が増えても、甘いものの割合が減るだけで、簡単に2kgほど落ちることがあります。

No104

スイーツを食べるなら、「脂質が5g以下」のものを選ぶ。

和菓子、生クリームなしのプリン、ゼリーなど間食は〝正しく〟食べれば太らない

間食とは「食事で摂りきれなかった栄養素を補う」ためのもの。クッキーやケーキといったお菓子でエネルギーを摂るのではなく「1日に必要な栄養素を補給する」という視点で選んでください。高脂質なものを食べすぎると消化吸収に時間がかかり、3、4時間後に満腹感が出てきて夕食が満足に食べられない、ということも起こり得ます。結局栄養不足になったり、寝る前に適当なものを食べてしまったりする可能性があるので、低脂質なものをチョイスしましょう。脂質の量は、5g以下が目安です。ちなみに、「和菓子は洋菓子より脂質が少ない」ものですが、「ヤセる」わけではありません。

№105

甘いものがやめられない人は、カカオ70%以上の「チョコレート」を選ぶ。

安いチョコは、チョコ風味の砂糖の塊

「甘いものが欲しくてたまらない」、そんな人にオススメできるのが「カカオ70％以上」のチョコです。砂糖よりカカオの量が上回るのが、「70％以上」からになります。安価なチョコレート菓子の多くは、「カカオマス」（カカオ）ではなく「砂糖」が原料の先頭に表示されています。原材料名は量の多い順に記されているので、「チョコレート菓子」をうたう製品のほとんどがいわば「チョコレート風味の砂糖の塊」なのです。

もちろん、カカオの配合率が高くなるほど価格は高くなります。けれども「カカオが高配合のほうが本物の味」ととらえ、慣れていくことができれば甘いものへの欲求も減らせるでしょう。「70％以上」を「苦い」と感じる場合、味覚が「甘いもの志向」に偏っている可能性があります。

№106

パンを食べるなら「ハード系」。

パンの外側の皮が堅いほど、肥満を遠ざけてくれる

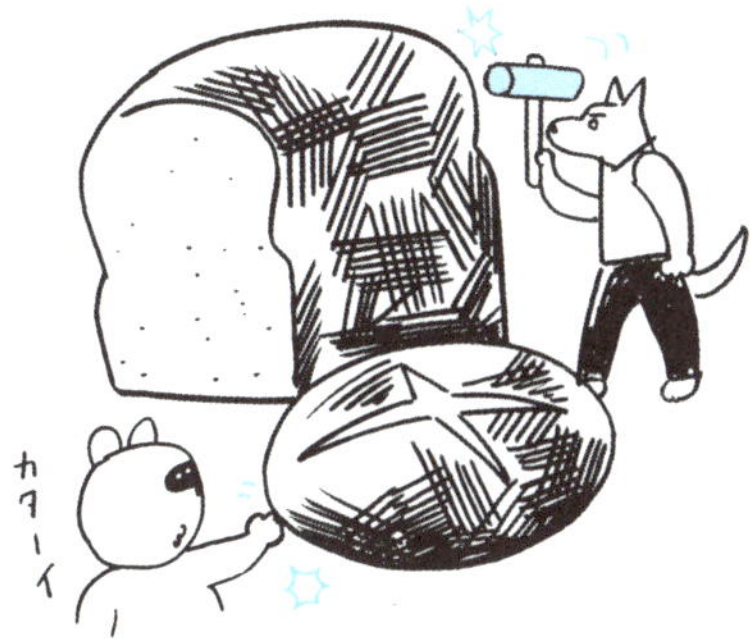

「菓子パン」は糖分過多だったり油で揚げられていたりと、名前の通り〝お菓子〟です。それでも「どうしてもパンが食べたい」という場合、オススメできるのは外側の皮が堅く噛み応えのある「ハード系」のパン。たとえばバゲット（小麦粉・塩・酵母の基本材料だけでつくるパン）、ライ麦パン（ライ麦粉が多いほど堅く重くなる）、パン・ド・カンパーニュ（「田舎風パン」という意味）などがあります。噛み応えがあるので満腹感を得られやすく、顎関節をよく動かすので顔の筋肉のエクササイズにもなるうえに、食べすぎも防げます。一方、避けたいのが柔らかい「ソフト系」のパン、「セミハード系」のパンです。

おわりに

さまよえるダイエット迷子のあなたへ

この本は、「ダイエット迷子」から卒業できる1冊です。

ダイエットに何度もチャレンジしては失敗し、リバウンドを繰り返してきた……。そんな「ダイエット迷子」のあなたに、本当のDietをお伝えできたはず、と自負しています。

あとは、実践あるのみ。本書のとおりに食や生活を少しずつチェンジしていけば、あなたは安全かつ健康的に、しかも効率よく確実にヤセていくはずです。

過去に取り組んだダイエットが、ホンモノかニセモノかを見極める方法が、ひとつあります。

「今度こそ、ダイエットを頑張ろう」

「○月まで、ダイエットを頑張ろう」

このように「頑張ろう」が口グセになってはいませんでしたか？

それはつまり、「ダイエットには終わりがある」「ダイエットとは期間限定の一時的なもの」ととらえてしまっていた証拠。

その考え方でいくと「ダイエットを終えた途端、ゆるやかに元の体に戻る」ということになります。つまり「ニセのダイエット」というわけです。


本来、ダイエットとは「頑張る」という質のものではなく「無理なくナチュラルに一生続ける」もの。「生き方」の一部分にほかなりません。


要するに「ホンモノのダイエット」とは、非常に地道なものなのです。「地味」に見えることすらあるでしょう。でも、それで正解です。

たとえば、オシャレなスポーツウェアを買い揃え、きれいなジムに通わなくても、エスカレーターを使わずに階段を使ったり、早寝早起きを心がけたりするだけでも、体はみるみる変わり始めます。

私は、ひとりでも多くの方が「ニセのダイエット」から卒業してほしいと願っています。なぜなら「ニセのダイエット」は、「①おカネのムダ」「②時間のムダ」「③努力のムダ」という「ダイエットの三大ムダ」を生み出すだけですから……。

これらの三大ムダとは、きっぱり縁を切り、出口の見えない「肥満ループ」から抜け出しましょう。

本書で食や運動にまつわる知識を身につければ、人生のコストパフォーマンスは劇的にアップします。つまり本書は〝強力な武器〟、それも〝一生モノ〟の武器というわけです。

さあ、ムダなダイエットからは、永遠に卒業です。過去の「ダイエット黒歴史」についてはもう金輪際振り返らず、「一生太らない体」を手に入れてください。

ムダなダイエット遍歴は、過去に付き合った異性遍歴と同じ。美化して惜しんだり、一方的に再びのめりこんだりする行為は、単なる時間のムダと言えます。

本書と一緒に、私と一緒に、新しい人生をずっと歩んでいきましょう。

森 拓郎（Mori Takuro）

運動指導者。大手フィットネスクラブを経て、2009年、自身のスタジオ『rinato』(リナート)を東京・恵比寿にオープンする。ファッションモデルや女優などの著名人クライアントも多く、ピラティス、整体、美容矯正など足先から顔までのボディメイクを指導する。小顔美容矯正サロン『ルポルテ』も経営。テレビ、雑誌など多くのメディアで注目されている。

著書に『運動指導者が断言！ダイエットは運動1割、食事9割』（ディスカバー21）、『オトナ女子のための食べ方図鑑』『30日でスキニーデニムの似合う私になる』（ともにワニブックス）などがある。

ダイエット事典

2019年4月7日　第1刷発行

著者　森 拓郎
発行者　土井尚道
発行所　株式会社 飛鳥新社
〒101-0003 東京都千代田区一ツ橋2-4-3
光文恒産ビル
電話（営業）03-3263-7770（編集）03-3263-7773
http://www.asukashinsha.co.jp

ブックデザイン　渡邊民人＋谷関笑子（TYPE FACE）
カバーイラスト　深川直美
イラスト　須山奈津希
あべゆきこ
編集協力　山守麻衣（オフィスこころ）

印刷・製本　中央精版印刷株式会社

編集担当　池上直哉

落丁・乱丁の場合は送料当方負担でお取り替えいたします。
小社営業部宛にお送りください。
本書の無断複写、複製（コピー）は著作権法上の例外を除き禁じられています。

ISBN978-4-86410-670-2

©Takuro Mori 2019, Printed in Japan